La jeune captive

Christian Charrière-Bournazel

La jeune captive

suivi de « Martyrs de l'absurde »

ÉDITIONS MARIE ROMAINE

www.editionsmarieromaine.fr

À Geneviève qui m'a ramené à la vie

« L'illusion féconde habite dans mon sein.
D'une prison sur moi les murs pèsent en vain,
J'ai les ailes de l'espérance :
Échappée aux réseaux de l'oiseleur cruel,
Plus vive, plus heureuse, aux campagnes du ciel
Philomèle chante et s'élance. »

André Chénier

I

L'année de mes quarante ans me fut symboliquement pénible. La certitude qu'il ne me restait à courir que le plus court du chemin me rendit plus désespérante la stérilité de mon passé : à l'évidence de mon déclin s'ajoutait le renoncement forcé à ce que je n'avais plus ni le temps, ni les moyens de devenir. J'avais rêvé théâtre, littérature. Je mourrais avocat. Je disais adieu à mon adolescence à l'heure même où se dessinaient les rivages de ma mort. Entre ce départ et cette fin, il n'y avait pas eu de place pour une vie d'homme.

De quoi cependant me serais-je plaint ? Une situation convenable dans le monde. Les beaux dossiers ne m'avaient pas manqué, comme l'avait écrit un journaliste, ni les honoraires confortables, ni même quelques engagements publics risqués.
Je jouissais de la considération de mes amis, de mes clients, de mes confrères. Respectable et envié, je l'étais aussi pour ma famille : trois fils réussis, une femme charmante. Avec cette naïveté qui ne juge que l'apparence, le monde me voyait doté de tout ce qu'il faut pour être heureux ; et du reste je ne me refusais ni le plaisir d'un

manuscrit ou d'un dessin, ni celui d'un voyage lointain, ni la restauration à grands frais d'une maison de famille. Point de liaison tapageuse : tout concourait à l'harmonie d'une vie bien conduite jusque dans ses désordres nécessaires et discrètement maîtrisés.

Je souffrais cependant. De quoi ? L'avenir m'était ouvert. Je le sentais fermé. Mon élection au Conseil de l'Ordre laissait présager une candidature au bâtonnat. On murmurait aussi que les ministres de la gauche dont plusieurs étaient mes amis ou mes clients me réserveraient le moment venu une carrière politique. On ne m'imaginait embarrassé que par l'abondance des choix.

Or je n'avais point l'ambition aussi active qu'étaient nombreuses les opportunités. Une seule des chances qui m'étaient données comme à profusion aurait servi à tel obscur confrère attendant son heure du plus fantastique levier, tandis que, sans les mépriser, je n'en courtisais aucune. Restes d'une éducation provinciale catholique et bourgeoise, cette réserve et ce détachement semblaient contredire une farouche volonté de ne pas échouer. C'est que la réussite ne doit point être recherchée, elle est une grâce ; alors que l'échec a la couleur du châtiment.

Quand je tente de recomposer, deux ans après, mes pensées et mes sentiments de ce temps-là, je m'y épuise en efforts aussi douloureux qu'inutiles. Je suis définitivement ailleurs, plus perdu que ces voyageurs qui, au terme d'une vie d'errance, reviennent ahuris mourir dans la chambre de leur enfance. Car si la passion amoureuse est à dix-huit ans le prix à payer pour l'apprentissage de la joie et du plaisir, elle est, vingt ans plus tard, un départ pour des galaxies inconnues à travers l'infini de l'espace et du temps. Et tandis que le jeune fauve au cœur tendre n'a rien à craindre de ses larmes à l'heure où elles fécondent sa vie future, l'autre quitte pour toujours et sans bagage le monde fini de sa maturité.

Je me rappelle seulement que je redoutais pour moi-même un de ces accidents du cœur dont j'avais mesuré au hasard des affaires les ravages irréparables. Et je me persuadais, pauvre naïf, qu'une peur entretenue conjure le danger. Le souvenir me poursuivait d'une tragédie judiciaire où j'avais joué le rôle de la partie civile devant une Cour d'Assises de province.
J'y assistais deux jeunes gens qui défendaient la mémoire de leur père. Giorgio F. avait été assassiné par le père de sa maîtresse, un homme de son âge, qui lui avait tendu un guet-apens un soir qu'il rentrait, claudicant à cause de ses ulcères, de la ville où il était allé mendier.
Débarqué en France à quinze ans, il avait réussi en trente ans de travail forcené à devenir riche et considéré. Puis il s'était embrasé pour une petite coiffeuse bien décidée à ne pas demeurer pauvre. Elle lui avait fait rompre toutes ses amarres et l'avait persuadé de s'établir avec elle dans la province de son enfance. Son argent le fit accueillir à bras ouverts par la tribu de sa

belle dont il fut aussi radicalement détesté dès l'instant qu'il devint pauvre. La jeune femme s'éloigna de lui et c'est un clochard solitaire qui fut ainsi tué, à l'affût, à un moment de sa vie où lui-même – avait-il confié à ses fils – n'aspirait plus qu'à mourir.
Le mobile du père demeurait inexpliqué. Qu'il ait haï celui qui lui ravissait sa fille, on peut le concevoir... Mais que sa haine s'accrût au moment même où elle lui revenait sans dommage apparent ne laissait de m'intriguer. J'attendais beaucoup d'elle au procès, car de manière énigmatique et menaçante, elle avait déclaré au cours de l'instruction : « Qu'ils ne me poussent pas à bout ou je dirai tout ! »

Elle vint à l'audience sanglée dans un pantalon noir du pire effet, ses longs cheveux filasse remontant haut sur sa tête avant de dégouliner libres sur ses épaules comme ceux d'une prostituée. Longuement son regard d'abord chercha celui de son père qui s'obstinait à baisser les yeux, dans le silence tragique d'une salle d'audience surpeuplée, comme on les rencontre en province, denses et odorantes comme des fauveries. D'une voix si basse et si rauque que la tension en fut insupportable, elle raconta :
« Si cet homme a tué Giorgio, c'est qu'il était jaloux de moi. Et s'il était jaloux de moi, c'est parce que je suis sa maîtresse. Tu veux que je raconte comme tu m'as prise la première fois dans le champ de seigle, quand j'avais quinze ans ? À chaque fois qu'un homme pouvait m'aimer, mon

père s'arrangeait toujours pour que je ne le voie plus. Simplement parce qu'il était fou de moi.
Avec Giorgio il a pris peur car je l'aimais. Enfin, je pouvais refaire ma vie, lui échapper, essayer d'oublier. Il ne l'a pas supporté. Il m'a menacé de dire à Giorgio que j'étais sa maîtresse et pour ne pas le perdre, j'ai dû accepter de continuer de coucher avec lui. C'est pour cela que nous sommes revenus habiter près de lui. Mais quand il a compris que désormais je le haïssais, la jalousie l'a rendu fou. C'est pour ça qu'il a tué Giorgio. »

Le père, sans lever la tête, n'avait que la force de murmurer comme pour lui-même : « Non ! Non ! » Elle se retourna vers lui en hurlant : « Tu m'as tout pris. Tu as détruit ma vie. » Et elle lança à l'intention des jurés : « N'ayez pas pitié de lui ! »

Et tandis que j'entendais cette voix inhumaine dire ces choses extraordinaires, je ne quittais pas le père des yeux. Cassé en deux, il ne bougeait pas et murmurait sans y croire : « Non ! Non ! » Je me le figurais moins torturé par la peur du jugement ou le remords que par la perte irrémédiable de ses monstrueuses amours. Il était autant à plaindre que son rival assassiné. L'un et l'autre me tendaient un miroir tragique du fond duquel montait inexorablement vers moi le visage masqué de la fatalité. Je me rappelais le puits de mon enfance sur lequel, dans un coin solitaire du parc, j'allais souvent à la dérobée me pencher avec effroi : le cylindre en bois où s'enroulait la corde et s'arrimait le seau s'y reflétait curieusement sous la forme d'une tête de mort. J'y ai passé de longues heures à scruter, parmi les odeurs de caveau qui montaient des pierres moisies, cette prémonition morbide de mon avenir.

II

Chaque année nous transhumions vers la mer. En 1986 ce fut La Baule. Un ami nous y avait trouvé une chaumière avenante à proximité de l'océan avec un petit jardin rempli d'avoines folles et d'hortensias roses que j'arrosais avec soin à la tombée de la nuit. Ce fut un mois de grandes chevauchées à bicyclette sur de petites routes qui fleurent bon le tilleul et le sel, de parties de pêches, de périples à la voile, d'amitiés improvisées et de fêtes inattendues. Ce fut aussi la découverte de la Brière, de ses canaux perdus et de ses étangs oubliés au bord desquels d'étranges oiseaux ne songent pas à se cacher du promeneur. Un mois de repos juste interrompu par un voyage éclair aux Antilles. Un mois suspendu entre les bonnes fortunes d'hier et les succès de demain.

Il flottait cependant une impatience dans l'air. Cette maison était toute remplie de sa maîtresse envolée : une jeune femme divorcée qu'une photo représentait à peu près nue sur une plage des mers chaudes enlacée avec adoration à un demi-dieu mince, blond et viril, qu'elle ne voyait, paraît-il, que par intermittence. La maison, ses meubles, ses voiles respiraient la sensualité charmante de cette inconnue, attentive aux moindres nuances des étoffes, des rotins et des grès, comme sans doute à toutes les alchimies du plaisir : l'écologie mariée à la gourmandise. Il me venait des envies de lui rendre visite un jour pour la surprendre seule et livrée au quotidien. Hélas ! Je ne suis point fait pour détrôner les demi-dieux. Jamais je n'ai repris le chemin de cette chaumière.

Tel fut pourtant le décor lénifiant où devait m'être révélée celle qui bouleversa ma vie. Je n'en eus dans l'instant pas plus de conscience que ces nageurs imprudents entraînés par d'invisibles courants vers le large où ils se perdent.

On me priait de prendre en charge la défense d'une enfant de vingt ans embarquée par son amant dans une affaire rocambolesque : une tentative de chantage au meurtre et à la séquestration. Elle s'était bornée à faire le guet tandis qu'une autre maîtresse de ce séduisant voyou jouait, en complicité avec lui, le rôle de l'otage. Libérée au bout de quelques jours sans qu'aucune rançon n'ait été versée, la femme otage avait fini par tout avouer à la police. La presse s'en empara. Le voyou, démasqué, plantait là sa petite sœur éperdue à qui il ne restait plus qu'à se rendre. Incarcérée aussitôt, des amies s'étaient pour elle mises en chasse d'un avocat. L'affaire semblait intéressante et promise à quelque publicité.

J'avais décidé de ne plus interrompre mes vacances : un de mes collaborateurs lui rendit visite et je différai à la rentrée de septembre le moment de la découvrir.

Je ne parviens pas aujourd'hui à me rappeler notre première entrevue. Le bourgeois satisfait qui se présenta un matin de septembre au parloir de Fleury-Mérogis n'attendait rien de rare et, partant, ne reçut rien. Comme je voudrais pouvoir, à présent, offrir à mon cœur l'aliment de souvenirs précis, assigner à sa détresse les stations de son recueillement, fournir à sa folie la représentation minutieuse de sa divinité. Je me cogne aux murs de ma mémoire aveugle, réduit à me dire comme le pèlerin d'Emmaüs : « Mon cœur n'était-il pas tout brûlant au-dedans ? » Non ! Il ne l'était pas.

Quand vint-elle ? De quel pas ? Quel fut notre premier regard ? Où me tenais-je en l'attendant ? Déjà je la vois assise et sa main pâle de petite fille recluse émerge d'un lainage noir. Ses yeux sont grands ouverts sur moi. Fou de ne pas m'en souvenir, alors que je fus à cette minute sa seule espérance, son lien unique avec le monde ! À peine me revois-je fermant sur nous la porte du parloir qu'elle jaillit hors les murs du monstrueux cachot. Elle emplit l'univers tout entier et pour toujours se tient rayonnante au seuil de l'éternité. Oh ! jamais je ne l'ai mieux possédée que dans cette déréliction où je fus son seul réconfort. Et je ne lui ai rendu que de rares et parcimonieuses visites. Fou ! Fou ! Il fallait ne pas la quitter, se laisser enfermer avec elle et mourir d'extase à ses pieds comme « l'ombre de son ombre ».

Elle m'inspira d'abord deux pensées que je lui livrai aussitôt ; la première, banale : je pouvais être son père ; l'autre, de La Bruyère, qui s'appliquait si bien à elle : « La plupart des femmes n'ont guère de principes. Elles se conduisent selon leur cœur et dépendent pour les mœurs des hommes qu'elles aiment. » J'avais créé les conditions de sa confiance : je la prenais en charge comme un père et je métamorphosais sa passion en excuse absolutoire.
Mais du même coup je venais d'ériger entre nous une muraille infranchissable : il m'eût fallu pour l'atteindre profaner le rêve que je venais de sacraliser, jusqu'à commettre l'inceste. Aussi devins-je un confident à qui rien ne fut dissimulé. Mais cette intimité inouïe qu'elle établit peu à peu entre nous, plus sincère que celle de deux amants dont les secrets et les mensonges attisent l'amour, me la rendit de plus en plus chère en creusant plus profond l'abîme. Le jour où je la connus toute au point de n'aimer qu'elle au monde, je l'avais à jamais perdue.

Je n'eus pas à l'apprivoiser pour apprendre quelque chose d'elle. Progressivement elle me remit ses souvenirs et son cœur. Je remontais, par le porche lumineux de sa mémoire, vers sa naissance ; je redescendais avec elle le fleuve imprévisible de ses jours. Dans ses vingt années si tristes et si pleines, je me baignais avec ravissement comme en la fontaine obscure où Golaud qui se croit perdu découvre ébloui, Mélisande. Derrière la porte qu'elle avait ouverte pour moi, se révélait l'absolu rayonnant d'un monde exquis, le sien, d'une vie émouvante que j'aurais voulu vivre, d'une âme adorable en qui fondre la mienne. Le ciel me soit témoin que pas un instant durant vingt-et-un mois, je ne me suis laissé aller à sortir de mon rôle. Et c'est pourquoi lorsqu'elle ne se préoccupait que d'être bien connue de celui qui parlerait d'elle à son procès, elle ne pouvait se douter de l'alchimie étrange qui s'opérait en moi. Se confiant à cet avocat qu'elle payait pour la défendre, pouvait-elle supposer l'effraction morale que je commettais à plaisir ? que de ses confidences nécessaires et sacrées je ferais bientôt l'aliment d'une passion folle et les délices de mon cœur ? que je jouissais sans retenue de tout ce que le seul souci de sa légitime sauvegarde l'avait conduite à me livrer sans défiance ? S'il est un viol odieux, c'est celui-là. Je l'ai commis à n'en pas douter et n'en éprouve aucun remords.

Son enfance avait été douloureuse. Elle était encore petite quand ses parents divorcèrent. La mère meurt l'année de ses treize ans, lui léguant un peu d'argent et le deux-pièces familial. Le père se manifeste alors pour l'élever, dit-il.
Il investit avec sa maîtresse le logement de sa fille.
Cette violence se double d'une frustration car il ne s'occupe jamais d'elle. À seize ans elle tombe amoureuse

d'un voyou, celui-là même qui la conduira au pire. Le jour de sa majorité, elle somme son père de partir puisqu'elle est à présent chez elle. L'homme transporte ailleurs sa médiocrité. Quant au voyou, il la trompe déjà. Elle n'ignore rien de ses passades, les lui pardonne ou les tolère comme une femme déjà mûre et résignée. Elle conduit désormais sa vie à demi solitaire entre ses études d'infirmière et son amour insatisfait. D'un côté elle se construit rudement, de l'autre elle donne tout ce qu'il demande à son pillard de cœurs et de jardins. Mélange étonnant de décision et d'abandon, de force et de faiblesse. Je compris au fil du temps qu'elle était soudée par l'enfance à cet amant méprisable et irrésolu, à la manière qu'ont seuls les enfants de se laisser charmer, tandis que la femme qu'elle façonnait jour après jour avec rigueur était bien déterminée à n'appartenir qu'à elle-même. Elle l'exprimait à sa façon : « Je donne toujours l'impression d'être extérieure aux choses que je vis. »

La seconde visite que je lui rendis m'en apprit davantage sur mon cœur : je fus charmé et intimidé. Sa beauté ne pouvait me toucher, la prison l'avait masquée. Je la découvrirais plus tard, une fois rendue à la liberté comme ces plantes que l'on range l'hiver dans des serres où elles s'étiolent pour s'épanouir à la lumière retrouvée.

Sans doute parce qu'elle ne se souciait pas de son apparence, tout occupée par des peines essentielles, en elle tout sonnait juste. Dans cet univers marqué par le mal, le mensonge, la bassesse, la culpabilité, elle rayonnait d'innocence. Nulle ombre dans son regard qui la livrait tout entière ; nulle expression composée pour séduire ; nulle émotion qui voulût attendrir. Une gravité simple et sobre me la révélait comme elle est, comme je la verrais toujours. Il n'y avait rien en elle qui ne m'inspirât de l'estime, jusque dans l'insignifiance de ses fautes qui ne l'avaient pas avilie mais qu'au contraire elle rehaussait de sa propre dignité.

Au moment de la quitter je lui promis – c'était mon habitude – de revenir bientôt. Elle appréciait mes visites, me dit-elle, et aimait parler avec moi. Or j'y suis fort peu retourné. Cette pensée aujourd'hui me torture comme celle d'une chance piétinée.

III

Rien ne saurait me distraire de toi. Nous n'aurons pas marché sur le même chemin. Tu t'es pour toujours enfuie. Il n'importe. Le monde conserve à jamais ta marque.

Longtemps j'ai travaillé à te détruire, comme une illusion. Ce qui resurgissait de ma conscience, avec cette violence et cette pureté absolues, pouvait-il être autre chose qu'une réminiscence de ma jeunesse perdue ? un jeu cruel avec soi-même ? Pied à pied je me suis défendu, attendant que tu te dissolves comme une chimère née du rêve dans le jour qui revient. Je n'avais point connu le goût que tu as. Pas de désir brûlant qui se fut ressourcé dans une étreinte. Nous n'avions pas eu d'histoire. Comment serais-tu parvenue à modifier mon âme et mon corps ? Tu n'avais de réalité que celle de mon inextinguible soif, mais entre cet élixir et ma gorge tu avais interdit toute effusion. Rien que l'imaginaire de mon désir te façonnant à sa mesure. Je me convainquais qu'en amour l'objet aimé n'a pas d'importance ; que la passion n'est qu'un dédoublement de soi-même ; que l'absolu qu'elle nous représente sert seulement à nous révéler que nous sommes nés pour aimer Dieu.

Erreur tragique et merveilleuse. C'est toi que j'aime, fragile ou forte, infidèle ou indifférente, belle ou laide, radieuse ou délaissée, heureuse au loin, triste avec moi. Voleuse ou prostituée, je t'aimerais encore. Tes refus me sont plus précieux que n'importe quelle offrande. Dussé-je ne plus te revoir, c'est dans la lumière que je m'éteindrai. Aucune joie ne me paraît aussi enviable que le malheur reçu de toi.

À quelque point du monde où je sois, tu sembles m'avoir précédé. Tu emplis tout l'espace de ton inaltérable absence. Routes et mers, vous n'existez que par les vibrations mêmes qui la créent, qui la font vivre. Mieux, il n'est d'obscur recoin de mon passé que tu n'éclaires d'une lumière insoupçonnée, tantôt aveuglante et tantôt diffuse. Je ne possède aucun souvenir qui ne subisse cette transmutation définitive. Je ne suis désormais qu'en toi. Lorsque la nuit tombe ici sous les tropiques, soudaine et pleine comme en la chambre de deux amants, commence aussitôt une symphonie bouleversante : cachés dans les hibiscus, les bambous, les manguiers, les herbes folles, les mille insectes de la nuit mêlent aux cabris de bois leurs trilles sur deux ou trois notes. De la végétation humide et chaude monte parmi les odeurs poivrées tout un foisonnement de vies, le rire animal et premier des créatures invisibles. Elles ne se tairont qu'aux premiers feux du dieu Soleil. Les oiseaux prendront leur relais, merles aux yeux jaunes, colibris noirs immobiles dans l'air brûlant s'enivrant de ne pouvoir tomber. La même folie heureuse saisit

la mer à ses entrailles : le bateau qui m'emporte le long des côtes vierges – roches noires trouées de grottes et mangées de verdure – fait s'envoler de tous côtés d'étranges poissons d'argent qui vibrent longtemps au-dessus des vagues bleues avant de replonger plus loin, effilés comme des anguilles. Dans la crique de sable blanc, des jeunes gens noirs jouent sur la plage luisant de sueur et d'écume entre les bateaux bleus, verts, jaunes et rouges, allongés comme des pirogues. Des hommes à chapeau de paille boivent le punch à l'ombre d'une terrasse en briques ajourées. Une Magali de dix-neuf ans, belle comme une vierge noire, sourit avec la fière innocence de la première jeune fille au premier matin du monde.
L'arrière-cuisine sent le piment oiseau, le corossol et les christophines rôties. Immense fête de la chair à qui l'univers est donné. Pas une sensation qui ne soit un plaisir. Pas un regard qui ne rencontre une féérie. Et moi debout à l'avant du bateau dans la chaleur tropicale et le vent, éperdu de ne pouvoir t'offrir ce que l'amour de toi donne à mon cœur de ressentir.

À la porte du juge, comme je t'ai attendue ! Toute sombre tu apparaissais, flanquée d'un malheureux gendarme. Tu venais de passer deux ou trois heures ou plus au dépôt dans les caves du palais, en cage. À Fleury, on t'avait réveillée de bonne heure. Tu avais subi la fouille. Après le rituel de l'attente, tu avais connu le trajet en car cellulaire derrière des vitres opaques et grillées. À nouveau l'interminable attente, sans déjeuner, sans causerie, au fond de

couloirs sinistres. L'appel. Les clefs. Le gendarme. Pour la première fois hors du cachot, il te semblait aller librement dans un espace où tu voyais se mouvoir les hommes libres. Ton pas glissait sur les dalles. Au bout, tu reconnaissais ce gros bonhomme en robe noire qui t'attendait devant la porte et qui te dévisageait.
Comme il a dû te faire horreur, ce professionnel de l'illusion, nourri grassement de la misère des reclus, ton avocat ! Tu n'en laissais rien paraître. Ton regard immense absorbait le monde comme un regard d'enfant. Tu esquissais bravement un sourire. Ton émotion ne se voyait qu'à tes mains. Dans le cabinet du juge, je ne te quittais pas des yeux. Tu parlais simplement des choses et ta voix sans apprêt eût fait pleurer les anges. Tu écoutais sans broncher la lecture de ce que l'autre femme avait dit. Dans l'air flottait, pesante comme une menace, l'absence de ton amant enfui. J'avais sur moi la carte postale qu'il t'avait écrite et que tu m'avais remise. Car tu me remettais ce que tu recevais de lui. C'est moi qui t'ai poussée à ne jamais lui faire réponse, à le bannir de ta vie. De quel droit t'ai-je dit qu'il ne t'apporterait que le malheur ? qu'il était désormais de l'autre côté du miroir ? qu'à l'aimer encore et toujours, tu te vouais à la fatalité des parloirs où tu lui rendrais visite, à moins d'être à nouveau toi-même prisonnière et abandonnée ? Je jure que je ne pensais qu'à toi.
Un jour on l'a arrêté. Il essayait de dévaliser une banque. On l'a cru armé. On a tiré sur lui. Mais il n'avait pas d'arme : c'était son dernier bluff.

Incarcéré, il a tout fait pour te reconquérir : les lettres auxquelles tu ne répondais pas ; les émissaires qu'il t'envoyait et que tu éconduisais ; ses déclarations au juge pour t'innocenter à tout prix, si grossières qu'elles risquaient de te desservir. Il jouait tout son amour en une seule mise pour te garder coûte que coûte. Nous ne lui avons laissé aucune chance. Tu te reposais sur moi comme s'il me revenait d'assumer cette rupture qui te faisait mal. J'ai repensé depuis aux *Visiteurs du soir*. Il y figure le héros malheureux cloué aux murs du cachot, tirant comme un forcené sur ses chaînes et criant à pleins poumons le prénom de celle qu'il aime, tandis que le diable qui s'en rit la promène amnésique sous son regard désespéré. Je jure que je ne riais pas.

Je crois bien n'avoir jamais désiré ma liberté aussi intensément que la sienne. Le juge hésitait. Je le sentais soucieux du parquet. C'était le procureur qu'il me fallait convaincre. À ma première démarche, j'obtins de lui qu'il consentît à la voir sortir. Le juge, surpris de ce que j'avais obtenu, mit fin à sa détention en me marquant quelque déférence. Je prévins ses amies pour qu'elles la prissent en charge. Elle me rendit visite aussitôt après.

Pour la première fois je la vis émue. Au moment de la raccompagner, juste avant d'ouvrir ma porte, nous nous sommes trouvés face à face tout près l'un de l'autre dans mon bureau. L'espace d'un élan elle m'a pris le bras et l'a serré, ses yeux dans les miens : elle était toute petite, tout entière livrée et confiante. Je sus à cet instant même que j'aurais pu lui prendre un baiser.

À chaque visite qu'elle me rendit ensuite, elle vint toujours plus belle et plus exquise : ses cheveux d'or apprêtés du matin, le visage éclatant de fraîcheur, maquillée avec une extrême légèreté, le regard rendu plus intense par le plaisir légitime de plaire. Et pourtant nulle coquetterie, nulle affectation n'ont jamais en elle altéré la part immaculée de l'enfance.

Il me semble que mon enfance à moi s'est éloignée pour toujours. À Chambord, la nuit dessine en noir les vitres du salon, celui du moins que j'ai constitué dans les débris de la demeure ancienne. Il ne reste de mon passé que ce qui est immuable au-dehors : le ravin circulaire noyé dans la verdure, la Bouble dévalant sur les pierres des écluses disloquées par les arbres au tronc pourrissant, la masse du château fort sur son éperon solitaire et, sous ses absides romanes, identiques et intemporelles, les Bénédictines. La maison ne saurait me reconnaître : j'ai fait table rase de son histoire. Même les murs ont été martyrisés. Le soir parfois les vitres s'emplissent d'étranges reflets comme les yeux des exilés. Je ne sais si les vieilles fenêtres pleurent de ne point retrouver ce qu'elles ont aimé ou si, au seuil de leur mort, elles me renvoient avec leur regard terrible l'image inaltérable de mes souvenirs en me disant : « Fou d'avoir tenté de te tuer ! »

IV

Sa détention avait donc duré quatre mois. Dans l'épanouissement de sa vie nouvelle, je n'avais point de place et je n'en cherchais pas. Du reste jamais je n'ai provoqué de rendez-vous inutile pour le seul plaisir de la voir. Une fois les confrontations achevées, le juge laissa reposer sa procédure ; il en est des dossiers comme des vins qui ne produisent leur fleur qu'au terme d'une maturation souterraine et invisible. Lorsque je pensais à elle, je me la figurais tissant les fils de quelque nouvelle liaison ou achevant solitaire de se préparer pour un grand amour. Il n'était pas vraisemblable en tout cas qu'une jeune fille aussi rare demeurât seule. À supposer qu'elle ne se souciât guère d'aimer, les garçons s'en soucieraient pour elle.

Quelle fut la couleur de ces jours au long desquels je n'attendais rien ? Une fois ou l'autre je m'étais ouvert à mes proches du désir que j'avais d'elle, aussitôt réprimé que conçu. Il m'aurait plu de la séduire, en lui proposant par exemple une escapade à la campagne ou à la mer sous prétexte de préparer son dossier. Je faisais, pour moi seul, miroiter le plaisir de ce jeu facile et pervers dont moralement la mise en œuvre me répugnait.

Ces intermittences du désir étaient de l'ordre des mille émotions dont chacune nous fait vibrer un instant et qui, juxtaposées, composent ensemble la symphonie de nos vies. Mais l'irréversible s'accomplissait sourdement en moi, à la manière de ces maladies qui cheminent en profondeur et qu'aucun symptôme ne révèle. Elles se déclarent, imparables, au seuil même de l'agonie. Alors que je songeais seulement à faire l'essai de mes chances, j'avais à mon insu déjà perdu ma liberté. Voici comment je le découvris.

Elle avait sollicité un rendez-vous que j'avais fixé très tard à la fin d'une journée, non sans arrière-pensée.
Retenu par un surcroît d'obligations, j'appelai mon cabinet où elle m'attendait déjà : elle était toujours en avance. « Pour me faire pardonner, lui dis-je au téléphone, je vous invite à dîner. Êtes-vous disponible ? » Tout de suite elle me répondit oui comme toujours, ensuite elle dira oui à chaque offre insolite que je ferai. Au bout du monde elle m'aurait suivi. Imbécile ! Mon choix s'arrêta sur un restaurant sinistre et cher à deux pas de mon bureau. Nous ne franchissions pas le cercle de ses ombres. Elle débita une foule de choses graves que je n'entendis pas.
À la vérité, elle jouait malgré elle le rôle d'une jeune femme sérieuse dans lequel l'avait reléguée le solennel ennui né de ma timidité. Par ma faute nous nous enfermions dans une relation convenue. Abandonné par faiblesse au bonheur d'être amoureux d'elle, je laissais toute sa naturelle séduction s'infuser en moi comme une drogue.

La dépendance incontrôlée dans laquelle je venais de sombrer m'ôtait toute chance de la conquérir. Au lieu de la conduire doucement vers les espaces heureux et nouveaux où j'aurais pu tenter de la charmer, où nous aurions eu ensemble le loisir d'être jeunes et légers, je m'étais constitué prisonnier de ma propre prisonnière. Elle mangeait peu, ne buvait pas, meublait gravement le silence. Rien ne semblait avoir changé depuis Fleury-Mérogis, sinon que désormais c'est moi qui attendrais dans la fièvre ses visites.

Sans doute suis-je inapte au bonheur. Les chances manquées me font un cortège de souvenirs aussi disparate et fourni qu'à *Juliette des esprits*. Les grandes passions que j'ai éprouvées ne se sont jamais incarnées, fût-ce dans un fugitif baiser. À chaque fois, celle qui m'est révélée comme la première ou la seule troue ainsi qu'une fulgurance mon cœur de papier chinois. Par cette béance douloureuse, son soleil calcine mes yeux, ma chair, mon âme : je ne puis soutenir en face de telles clartés. Inaccessibles ou en allées, telles sont les femmes-phares de ma vie : Danièle en rouge, presque incandescente, comme ce théâtre où je la vis pour la dernière fois, voici vingt-quatre ans, sans qu'elle se fût même aperçue de mon regard sur elle ; Éliane, dans les premiers rayons de l'aube le 3 juin 1964, remontant une rue de Poitiers vers un ailleurs où je n'avais nulle place, et toi qui ne demeuras que le temps où je fus ton passeur et qui t'évanouis sitôt sur l'autre rive à l'entrée de tes Champs-Élysées.

Durant toute mon enfance, septembre fut le mois du Quercy, dans une grande maison familiale construite en pierre ocre au milieu du bourg, campée dans un vaste jardin à plusieurs niveaux et ceinte de murs. Le soleil de ces fins d'été y faisait bourdonner, dans l'ampélopsis, les guêpes et les abeilles, s'exciter les mouches et les papillons, grossir les muscats roses et s'entrouvrir les figues. Parfums de foins coupés, de noix dans leurs gangues mêlés aux macérations des confitures : les senteurs de nature et les odeurs domestiques se rejoignaient dans le Gibraltar des halls, des corridors, sous la voûte des escaliers, là où se rencontrent aussi l'ombre et la lumière, où s'affrontent les feux de midi et la fraîcheur conservée du petit matin. Septembre était le mois où tout finissait : les fruits tombent, la vigne vierge roussit, les marronniers se dégarnissent ; on coupait le raisin, on remisait les meubles de jardin quand d'autres rentraient la paille pour l'hiver ; et parachevant cette sensation de départ ou pour marquer que l'heure était venue, des milliers d'hirondelles se rassemblaient tout près de nous à un carrefour propice de fils électriques et de téléphone qui leur tenait lieu de gare régulatrice.

Elles étaient apparues aux premiers signes du printemps. Elles nichaient tous les ans vers Pâques sous les arcades en pierre de la terrasse où s'ouvrent en haut, de plain-pied, les salons et les chambres. Durant la Semaine sainte, en attendant l'office du jour que mes parents ne nous auraient laissé manquer pour rien au monde, je trompais le temps en furetant le long des pommiers du Japon et des buis qui déterminaient avec les piles des arches un chemin étroit et mystérieux. Puis je pénétrais dans l'espace indéfini qui, sous la terrasse, servait de resserre au jardinier pour ses pieux, ses pots, ses outils. Je contemplais, collé à la voûte, les nids en forme de hotte, minuscules, dont la glaise était granulée comme un chandail de grosse laine. Le trou par où les hirondelles s'y introduisaient ou s'en échappaient devait être minuscule. Elles arrivaient les ailes battantes, tournoyaient un moment comme pour reconnaître les lieux, puis se posaient je ne sais comment au bord de ces nacelles immobiles, enfin disparaissaient par l'orifice invisible qu'elles s'étaient ménagé au moment de bâtir. Lorsqu'elles sortaient, je voyais d'abord la pointe d'un bec, puis les yeux attentifs à tous les dangers. Enfin le torse blanc surgissait et presque en même temps se déployaient les ailes : elles étaient parties. Un ballet incessant d'allées et venues se déroulait tout le jour.

Elles avaient déjà des petits qu'elles nourrissaient à la becquée. Je le devinais à des piaillements stridents qui répondaient du fond des nids au cri joyeux des mères annonçant leur retour. Il y avait ainsi dix, quinze, vingt foyers d'hirondelles placés aux intersections des poutres métalliques. Tous les ans m'avait-on appris, c'était les mêmes qui revenaient après l'exil que leur avait imposé l'hiver.

Il ne m'est pas facile d'écrire ce qui va suivre. Je rapporte des faits sans haine de moi ni complaisance. Un jour où je me livrais à mon observation rituelle et passionnée, j'avisai des bambous coupés d'une longueur exceptionnelle, posés à la verticale d'un mur. Je me saisis de l'un d'eux et je l'enfonçai à l'intérieur d'un nid au-dessus de ma tête. Par la brèche que j'avais ainsi ouverte, je vis avec stupeur tomber à mes pieds un oisillon sans plume. Il hurlait au sol pendant qu'une hirondelle – sa mère ou son père – tournoyait en tous sens en poussant d'horribles cris. Je me dirigeai alors vers un autre nid où je répétai le même geste, puis un autre et un autre encore jusqu'au dernier. Je ne parviens pas à me rappeler ce que je fis ensuite de ces innocents sacrifiés. M'obsède seulement la sarabande épouvantée des pères et mères éperdus tournant impuissants et comme fous au-dessus de leur progéniture qui agonisait à terre. D'année en année j'ai guetté leur retour. Les hirondelles ne sont jamais revenues. Nul oiseau ne nichera plus sous cette terrasse de mort. Ce que depuis j'ai pu montrer de compassion aux victimes des injustices, des tortures ou de l'indifférence n'a jamais effacé cette sombre solidarité que j'avais tissée en un instant entre tous les bourreaux et moi. Depuis je me sens amalgamé dans le crime aux tortionnaires de tous les temps. Quoi que je fasse, il n'y aura jamais de place pour moi dans aucune allée des Justes.

V

La date du procès connue, tout s'enchaîna très vite. Un an plus tôt, je me promettais un succès facile ; une orpheline émouvante, amoureuse délaissée, était allée au bout de l'offrande pour briser le tête-à-tête où son amant s'était enfermé avec une autre. Elle avait tout donné jusqu'à son innocence et n'avait rien reçu.

L'audience approchant, je n'étais plus assuré de rien. Dans le temps où sa confiance en moi s'accroissait, j'étais devenu la proie d'une unique question : m'aimerait-elle ? Je pris la décision de me déclarer aussitôt le jugement rendu. Dans les derniers jours, pour nourrir mon espoir et tromper le temps, je multipliai les signes, mais de telle sorte qu'elle pût n'y voir que de subtiles précautions professionnelles. Je cultivais l'équivoque dans la terreur où j'étais qu'elle pût me dire non. Je lui fis visiter le Palais pour l'accoutumer à l'atmosphère des salles correctionnelles : je lui réservai une pièce à mon cabinet où elle vint plusieurs fois consulter son dossier et se remémorer ses réponses au juge. Je l'invitai même à me retrouver le soir du dimanche, veille du procès, sous prétexte – avais-je prétendu – de lui changer les idées et de « l'installer dans une bulle ». Pour la même raison nous déjeunerions ensemble le lundi. Qu'elle eût acquiescé à toutes ces propositions m'enchantait. Cependant je n'en déduisais rien, et pas même de ce dimanche insolite avec elle, puisque j'avais pris soin de préciser que nous irions ensemble assister rue de Solférino à la soirée des présidentielles. Sa réponse exceptionnelle à une offre exceptionnelle était donc neutre. Simplement je m'étais ménagé la joie d'être avec elle. Tout l'après-midi je l'attendis, brûlant d'une amoureuse fièvre qui paralysait toute pensée. « Je travaillais pour vous », lui dis-je quand elle arriva, en avance sur l'heure convenue. Je m'étais mis en quatre pour obtenir un bristol supplémentaire, prélevé par un haut dignitaire de la gauche sur contingent parcimonieusement géré – il ignore encore aujourd'hui à qui je le destinais. J'aurais voulu la guider par la main dans cet univers si nouveau pour elle. Par la magie de nos coupe-fils, s'entrouvrirent pour nous les barrières métalliques derrière lesquelles s'entassait la foule des mortels moins chanceux, cherchant des visages connus. Nous gravîmes les marches du perron sous les projecteurs et les caméras de télévision. Je la présentai à mes amis et relations, anciens ou futurs ministres, écrivains et journalistes, hommes et femmes à la mode, vibrionnant sous la tente surchauffée qu'on avait installée dans la cour intérieure afin d'abriter les écrans géants et le champagne de la fête. Je scrutais ses réactions : pas un instant je n'ai vu s'altérer son regard ; il demeurait étonné et profond comme celui d'un enfant plongé dans un univers inconnu où il ne se préoccupe pas de chercher sa place : elle était comme elle est. Au plus s'amusa-t-elle de découvrir à dix-huit heures trente, en même temps que les privilégiés dont elle partageait ce soir-là le sort, le nom du président élu, que le pays tout entier n'apprendrait qu'après la fermeture des derniers bureaux de vote.

Nous avons dîné seuls ensuite dans un restaurant vietnamien où elle m'apparut détendue. La soirée avait été heureuse. Je ne songeais pas à demander davantage que cette plénitude bénie : elle était tout entière avec moi ; nous partagions pour la première fois un souvenir gai, hors du commun, qui ne devait rien à son passé ni à ma profession. Je l'ai reconduite lentement chez elle comme je le faisais depuis peu à la fin de nos rendez-vous. En prenant congé devant sa porte cochère, j'épuisai la douceur de lui dire : « À demain. »
Se pouvait-il réellement que son éloignement devînt chaque jour provisoire et qu'une vie entre nous commençât ? Je me fis défense d'y songer. Dieu ! jamais je n'avais si fort tenu la bride à la tentation du bonheur.

Nous avions arrêté de nous revoir le lundi à midi. L'audience devait durer deux jours. Aussitôt fini notre frugal déjeuner, je l'emmenai dans ma voiture au palais de justice. Chemin faisant, je lui parlais de l'autre. Comment avait-elle pu consentir à tout ? « Je l'aimais », me dit-elle. Sombre évidence dont le rappel ne me servait qu'à mesurer le seuil immédiat de ma souffrance.

Elle ne l'aimait plus, mais elle le reverrait durant deux jours, assise sous son regard. Avais-je seulement réussi à lui ouvrir d'autres horizons, à l'y entraîner pour toujours au risque même d'en être, comme lui, banni ?

Des photographes les attendaient dehors. Je les lui fis éviter. Les bancs de la presse étaient pleins : je m'employai à chaque suspension à convaincre les chroniqueurs de ne rien écrire sur elle. Je contactai le procureur avec lequel j'avais jadis vécu une affaire chaude où nous nous étions opposés sans ménagement et rapprochés en estime. Il accepta que la sanction prononcée fût, en ce qui la concernait, limitée au minimum et dispensée d'inscription à son casier judiciaire.

Elle était habillée sobrement dans la tenue que j'avais choisie pour elle à partir de la description que, sur ma demande, elle m'avait faite de sa garde-robe. Je l'avais conjurée de parler le moins possible et de garder constamment les yeux baissés. À mesure qu'approchait l'heure de ma plaidoirie, je me découvrais incapable de ne rien dire. Je ne pouvais abstraire mon cœur de la contemplation de sa silhouette, de son profil, de sa peau, de ses cheveux blonds dont le parfum, par vagues intermittentes, montait jusqu'à moi. J'avais perdu toute la distance sans laquelle aucune défense n'est possible. Je n'étais plus qu'un amant douloureux condamné, pour la faire excuser, à vanter au présent les sentiments extrêmes qu'elle avait éprouvés pour un autre. Pas une de mes paroles dites pour elle qui ne raviva sa passion, si elle n'était pas morte, ou qui ne me rendit odieux si désormais elle la haïssait. Je n'ai jamais su ce qu'elle en avait ressenti. Elle se borna plus tard à me dire : « J'avais l'impression que l'audience n'avait pas vraiment d'importance et que tout était arrangé d'avance. »

Ma prestation fournie, je fus la proie d'un nouveau tourment : je n'avais plus de raison de la voir jusqu'à la date du délibéré. Elle avait formé le projet de quitter Paris dès la fin de l'audience pour Toulouse où l'attendait sa tante. Elle profitait du pont de l'Ascension pour changer d'air. Je sentis qu'il ne m'eût pas été difficile de l'y faire renoncer en jouant de quelque nécessité procédurale imprévue. Je n'en eus pas le cœur. Il fut convenu qu'elle me rappellerait le lundi du jugement au matin. Elle disparaissait cinq jours. Qu'allait-il advenir de moi ?

Au dîner du soir, ma famille se tut d'abord comme pétrifiée : mon visage avait dû se transformer à mon insu. Je ne pus rien avaler. Grégoire – cinq ans – me fixait intensément. Pressé de questions inquiètes, je me fis lapidaire : « J'ai très mal plaidé aujourd'hui.
– Ah, bon ! ce n'est qu'une blessure narcissique, murmura mon adorable nièce psychologue stagiaire.
– Que plaidais-tu ? demanda quelqu'un, ma femme peut-être.
– Oh ! une affaire correctionnelle pour une jeune fille, répondis-je. »

Après un court silence, Grégoire, droit dans les yeux, me dit : « Tu es amoureux de la jeune fille. »
Blême, j'ai quitté la table.

Le lendemain je m'envolais pour Madrid. Le prétexte : un rendez-vous d'affaires. La raison impérieuse : Adriena Lecouvreur au théâtre de La Zarzuela ; le jour suivant *Le Cid* chanté par Domingo.
L'opéra est bouleversant malgré son extravagante débauche de moyens et d'artifices, de passions exagérées, d'intrigues invraisemblables, de clichés et de tautologies. Seules importent les voix qui le servent. Seuls existent les monstres humains qui donnent la représentation. Nos vies n'alignent qu'un même cortège de situations fausses, de sentiments impurs, de souffrances inachevées, de joies soldées, d'ambitions infirmes. L'opéra ne fait que démarquer nos destinées, même s'il pousse à leurs conséquences ultimes nos tentatives avortées : nous savons bien que le poignard ou le poison ne sont qu'accessoires de scène, simulacres dérisoires collés grossièrement sur le réel. Mais des héros de chair viennent habiter le temps du spectacle ces dépouilles d'hommes et de femmes – princes ou guerriers, courtisanes et bohémiennes – qui nous ressemblent à vomir.
Ils les habitent, ils les animent, ils les subliment, ils les divinisent. Par la magie de leurs voix inouïes, ils les recréent, non dans la grisaille de la glaise et de la durée, mais dans l'absolu de la beauté, leur conférant l'éternité par la vertu d'un acte esthétique parfait. La mort même

en est transfigurée : nul ne s'éteint, nul n'agonise ; la vibration insoutenable d'un chant, d'une seule note en qui tout se consume, ouvre immense le porche incandescent de l'immortalité. Il faut avoir vu les fidèles de cette liturgie pathétique vivre les heures inégalables du festival de Vérone. Au centre de la cité, les arènes digérant les siècles. Au cœur de la nuit, le spectacle du soir. Tout s'organise dans l'espace et le temps autour de ce double pôle. Le jour, des ombres orphelines errent à travers les rues sublimes et vont du tombeau de Juliette à la statue de Dante, d'un restaurant de luxe à une chambre de palace, meublant l'attente par la célébration des deuils illustres ou l'accomplissement des plaisirs, oscillant ainsi entre ces deux échos d'une unique obsession de la mort. À l'inverse d'un culte solaire, la folie du chant requiert les ténèbres. Il n'est de couleurs que celles des voix. La nuit qui tombe fait affluer comme d'étranges chauves-souris, les femmes vêtues de vapeur accrochées à des hommes noirs au plastron blanc, tous convergent dans la fièvre vers l'arène blafarde où les gladiateurs sont des demi-dieux. Ces débris somptueux de Rome, enchâssés dans la luxuriante Renaissance – il n'y a pas de hasard –, servent d'autel à ciel ouvert à ces thaumaturges radieux qui, tel Michel-Ange faisant du marbre jaillir Moïse, cisèlent l'air englouti par leur formidable poitrine pour expirer la forme accomplie, puissante à faire trembler, belle à en mourir, de notre informe humanité.

À Madrid, mon mal empira. Elle était partout. Mais surtout elle m'avait investi tout entier. Je ne cultivais aucune espérance. À la vérité je n'ai jamais entretenu l'illusion qu'elle m'aimerait. Aussi les quelques jours qui me séparaient de ma fatale déconvenue renfermaient-ils toute la part de joie : je m'y suis plongé avec d'autant plus de violence que j'en pressentais la précarité. Il me fallait sans perdre une seconde jouir de l'aimer dans l'incertitude, avant que me désespérer de son refus sans appel. De la sorte, je rendais inéluctable l'échec de ma déclaration prochaine déjà en elle-même hasardeuse. En accoutumant mon cœur à l'amertume, je voulais lui éviter, le moment venu, d'imploser par désillusion. Cette précaution de lâche devait me perdre sans l'épargner. Pour l'heure il ronronnait comme une chaudière dont le bruit oublié me charmait. Le jour j'étais transporté, la nuit je ne pouvais dormir. Elle grandissait au firmament à la manière d'un monde qui naît. Sous sa lumière et sa chaleur, tout me redevenait sensible. Les mots les plus usés n'avaient jamais servi. Chaque émotion était neuve.

Je percevais les sons, les parfums, les images avec une profusion de nuances dont je ne soupçonnais pas qu'elle pût m'être un jour restituée. J'ai promené sur les murs du Prado un regard plus pur et plus intense qu'à mon dernier voyage, il y avait vingt-et-un ans. L'ange de gauche qui soutient le Christ dans *La Trinité* du Greco avait le même mollet qu'elle, entrevu quand je la suivais montant les marches du palais. Ses yeux illuminaient le visage d'une vierge de Zurbarán ; sa chevelure ornait un front de Velázquez, ses doigts portaient l'enfant d'une maternité que je ne connaîtrais point avec elle. Indéfiniment séparé d'elle, j'étais renvoyé au monde fascinant du Goya des toiles sombres, peuplé de créatures perdues entre l'agonie et la mort, hallucinées de cauchemars indicibles, soudées les unes aux autres par une douleur sans compassion et une faim sans espoir.

VI

Je dus me faire une violence extrême pour lui dire, le lundi matin au téléphone : « Êtes-vous libre ce soir ? Si le jugement n'est pas bon, il faudra que je vous réconforte. S'il est favorable, ce sera ma récompense. » Elle ne balança pas et dit oui.

Je mis en place un dispositif d'urgence. Auprès d'un ami sociétaire, je retenai deux places au Français. On y donnait *Le Songe d'une nuit d'été*. Nous convînmes, lui et moi, que nous dînerions ensemble après le spectacle. À quatre de préférence, précisai-je. Sinon à trois, contre sa promesse formelle de me laisser le champ libre.

Le jugement fut rendu tard dans l'après-midi. Je n'avais pu attendre, elle me le téléphona comme convenu : sa peine, limitée aux réquisitions du parquet, était entièrement assortie du sursis et dispensée d'inscription au casier judiciaire. De surcroît elle allait bénéficier de la prochaine loi d'amnistie. L'affaire pour elle n'aurait pas existé.
L'autre femme faisait l'objet d'une mise à l'épreuve pendant cinq ans. Quant au malheureux contre qui je

m'étais interdit de proférer un seul mot qui put le desservir, il écopait de quatre années ferme. Elle n'en fit aucun commentaire.

Sur mes instructions elle vint en taxi me prendre à mon cabinet. Elle arriva en avance, mais je l'attendais déjà sur le trottoir où je m'étais posté à l'entrée de ma rue. Nous étions libres de tout ce qui, jusque-là, nous avait unis malgré nous. Je n'étais plus son avocat, persuadé qu'il n'y aurait pas d'appel. Je me remémorais ce qu'elle m'avait dit naguère, assise de l'autre côté de ma table : « Je ne sais si l'usage est de se revoir après. » N'avait-elle pas exprimé un désir ? Si elle avait accepté de venir, alors que tout était terminé, n'était-ce pas tout simplement qu'elle admettait entre elle et moi une forme nouvelle de relation ? Et puisqu'elle aimait le théâtre, cette soirée n'était-elle pas dans le ton de ce qui pouvait lui plaire ? Nous fûmes placés à l'orchestre dans les tout premiers rangs. Elle n'en avait pas l'habitude, mais j'étais plus ému qu'elle. Je ne cessais, à la dérobée, de la contempler avec avidité. Sa petite main était si près de moi que je craignais de l'effleurer par inadvertance. Julien Sorel l'aurait saisie. À l'âge d'être son père, je m'en sentais incapable. Comme si elle avait eu vent de mon débat intérieur, elle la rendit inaccessible. J'en conçus un lâche soulagement mêlé d'une déception profonde. Il ne se pouvait pas qu'elle ignorât encore les sentiments que j'éprouvais pour elle. Or si elle ne favorisait pas l'aveu que je brûlais d'en faire, c'est qu'elle ne m'aimerait jamais. Cette pensée me torturait. Obéron pressait une fleur magique sur les paupières des amants assoupis. Au réveil ils deviendraient amoureux fous du premier être qu'ils verraient. J'aurais vendu mon âme au diable pour qu'à l'instant elle fermât les yeux sur le fauteuil à côté du mien et que « le nain vert » la visitât endormie. À l'entracte je voulus lui offrir du champagne qu'elle refusa comme une chose incongrue. Elle n'avait que faire d'être éblouie. Je continuais d'être stupide.

Nicolas nous reçut dans sa loge, nous fit promener dans le théâtre. Pour la première fois, je foulai sans chagrin cette scène unique : elle y était avec moi. Nous en mesurions l'exiguïté alors que de la salle elle paraît immense. Avec son rideau de fer baissé, elle s'était close sur nous. Nous y demeurions côte à côte sans public et sans texte, comme suspendus dans l'espace et le temps entre le possible et l'imaginaire. Je pressentais déjà qu'elle se révèlerait Célimène et que j'étais voué pour toujours au désert d'Alceste.

Nous dînâmes tous les trois chez Ruc. Nicolas nous y invitait. Il fut un hôte de qualité, s'ingéniant à me mettre en valeur. « Il aime le théâtre plus que moi, dit-il.
– Peut-être, répondit-elle, il sait tout par cœur. »
De qui l'avait-elle appris ? S'intéressait-elle à moi ? En descendant, nous retrouvâmes tous les comédiens qui venaient de donner la représentation. Un instant nous avons bu et parlé avec eux. Elle paraissait contente et demeurait la même.

À trois heures passées, nous convînmes qu'il fallait rentrer. Dans le taxi qui la ramenait chez elle, je ne parvenais pas à entendre les propos qu'elle me tenait. Seul m'importait de lui dire ce que j'avais résolu d'avouer, une fois l'avocat mort et son innocence restaurée. Nous abordions le périphérique. Il me restait peu de temps : « Accepterez-vous que je vous invite encore ? lui dis-je.
– Oui, si vous le voulez, répliqua-t-elle.
– Le seul obstacle, c'est que je vais être de plus en plus amoureux de vous, repris-je.
– Ah ? fit-elle surprise. C'est dommage.
– Ne me dites pas que vous ne vous en étiez pas aperçue ?
Elle parut gênée :
– J'avais bien senti des ambiguïtés, me dit-elle. Mais vous avez pris un tel ascendant sur moi. Je vous dois tant de remerciements.
Elle m'éconduisait poliment. Je ne le supportais pas.
– Je vous en prie, fis-je. Pas ça ! Pas de reconnaissance, je conçois que tout cela vous soit odieux. Mais je sais me tenir. Je ne vous importunerai pas. Je ne vous harcèlerai pas au téléphone. C'est vous qui me rappellerez si vous en avez envie. »
Sur le seuil de sa maison, elle resta droite, les bras ballants, me regardant avec curiosité. J'étais décomposé. J'accompagnais mon adieu d'un baiser sur le front. Je recueillais dans sa plénitude l'échec que j'avais soigneusement mûri.

L'espérance est un fauve pervers. Elle fascine sa proie, infuse en elle par une morsure insensible l'alcool d'une irrésistible joie. Elle neutralise toute résistance jusqu'à inspirer d'elle un désir qui s'accroît à se satisfaire.
Et quand elle se retire d'un coup comme une seringue, la proie meurt horriblement de ce sevrage intolérable.
C'est sa manière de chasser l'humain.

Je ne pouvais désormais plus me reprendre. Il me fallait jusqu'au bout déguster à mourir le funeste poison. Je me persuadais que tout était possible. Je me refusais d'envisager qu'en poussant plus avant le siège, je me déconsidérerais jusqu'à me rendre odieux. Elle téléphona le mardi matin en demandant qu'on ne me dérangeât point : elle voulait reprendre une pièce de son dossier que j'avais omis de lui rendre. Elle passerait la chercher en fin de journée. Il était clair qu'elle évitait le contact. Je préparais aussitôt un pli pour elle : j'y joignais la copie de ma lettre au procureur demandant qu'en cas d'appel son sort ne soit pas remis en cause. J'y ajoutais surtout la carte postale qu'elle avait reçue en prison de son amant en fuite.

Dans la journée je lui fis livrer une corbeille de fleurs jaunes et blanches assortie d'un madrigal imbécile :

> *« Pour tenter d'être pardonné.*
> *Pour vous remercier d'être ce que vous êtes.*
> *Pour vous convaincre que je ne triche pas. »*

Je vécus chacune des secondes qui suivirent dans l'attente de ce qu'elle allait faire, supposant le pire ou plutôt prêt à m'accommoder du pire pour le travestir en bonheur. Le mercredi, pensai-je, elle me fera réponse. Je recevrai quelque chose jeudi. Le mardi soir elle passa comme elle l'avait annoncé pour prendre le pli préparé pour elle. Je sus qu'elle l'avait ouvert dans l'escalier en repartant puisqu'une de mes collaboratrices devait découvrir par hasard la carte postale gisant au fond de la première poubelle rencontrée.

Le jeudi en effet m'apporta un mot d'elle ainsi conçu :

> « *Comme vous n'avez rien à vous faire pardonner, il n'était pas besoin de me convaincre de ce que j'avais déjà compris.*
> *Ces fleurs superbes me plongent dans une confusion que j'espère pouvoir dépasser pour continuer à vous voir.* »

Elle avait signé de son seul prénom. Mon exaltation s'accrut jusqu'au délire. Elle me manifestait qu'elle ne s'était pas méprise sur la portée de ma déclaration. Elle en éprouvait un trouble. Pour autant ce n'était point celui d'une pudeur offensée ou d'une intimité violée. Je ne retenais de sa dernière phrase que ce qui flattait ma folie : nous continuerions à nous voir. N'exprimait-elle pas que c'était là son désir ? Si elle l'avait assorti de réserves, elles étaient des plus naturelles et des plus touchantes. Elle se retenait d'accourir ; elle n'abdiquerait ni sa prudence ni sa raison.

Je l'adorais. La petite orpheline se révélait une grande dame. Son bonheur d'expression me ravissait.

Vite, je réserve une table pour le soir au Jardin de la Paresse. Vite je me mets en quête de places au théâtre des Champs-Élysées : elle ne connaît pas l'opéra. J'appelle chez elle. Sa petite locataire me répond et j'ai l'impression qu'elle sait qui je suis : « Soyez gentille de dire à notre amie que je dispose de deux places pour *Werther*. Si elle est libre, je serais enchanté de l'y conduire. Si la pièce est mortelle, nous pourrons toujours partir avant la fin. ».

Elle me rappela dès son arrivée : elle était libre et viendrait. « Voulez-vous, dis-je, venir me prendre au cabinet ? » Au refus qu'elle me signifia, je compris qu'elle avait définitivement aboli l'avocat, son bureau, ses dossiers. « Bien sûr ! fis-je aussitôt. Eh bien retrouvons-nous au théâtre à vingt heures. » C'est elle qui m'en donna l'adresse, elle s'était déjà préoccupée de la trouver.

J'allais vivre en cette soirée les heures les plus heureuses de ma vie. À dix-neuf heures je ne tenais plus en place, tout transporté d'une impatience d'enfant. Je me précipitais avenue Montaigne, longtemps avant l'ouverture des portes.
Sur le trottoir que j'arpentais en tous sens, dans le café d'en face, puis à l'intérieur du théâtre lui-même, je promenais sur toutes choses un regard intense et radieux.

Comme en un brasier formidable, tout ce qui m'entourait était absorbé par ma joie et l'alimentait en s'y consumant. Je n'étais qu'attente d'elle baignant dans la certitude qu'elle viendrait. De la sorte, mon bonheur dépassait tout : je ne le possédais pas encore ; je ne l'avais pas même entamé ; il demeurait extérieur à moi, encore futur quoi qu'assuré, totalement intact et, partant, absolu. J'étais absolument heureux. Tout allait m'advenir de ce que j'espérais le plus ardemment depuis toujours et que j'avais vainement poursuivi tout au long de ma vie. Radicalement impossible à décrire, la plénitude de mon amour ne se confondait avec aucun désir qu'une étreinte eût suffi à combler. Si neuve et si pleine dans son expansion infinie, ma joie, irréductible à tout autre, me tenait en lévitation au-dessus de l'espace et du temps. Mon adorée était la source unique de ce jaillissement de lumière, de chaleur et de paix ; elle en était l'aboutissement merveilleux puisque désormais je n'aspirais qu'à lui donner tout. J'avais déjà tout reçu.

À l'instant où j'écris ces lignes, un orage d'août balaye le ravin. Une faible clarté tombe de ma lampe rouge sur le tapis vert de la table. Par la fenêtre ouverte me vient, avec le bruit encore lointain de la foudre, l'odeur de la première pluie qui suit une longue plage de beau temps : on dirait que la terre expire les haleines qu'elle a retenues aux heures torrides de l'été. Les vitres que la tempête crible de perles ont la tristesse, sous le ciel noir, des interminables soirées d'hiver où je me perdais en rêveries à contempler les sillons qu'elle trace comme sur des joues désolées. La salle d'étude sentait la mauvaise cire, la respiration lourde des pensionnaires sans joie et leur sueur fétide de reclus sans courage. De petits êtres exténués d'attendre remâchaient ainsi dans l'ennui, comme une prémonition diffuse, inexprimable, informe, la saveur amère de leur enfance gaspillée. À quelques mètres de leur exil, la salle commune et sa lumière, le sourire d'une mère ou les cris d'une sœur faisaient aux hommes libres un monde heureux.

Mais il sait bien, ce prisonnier qui se berce de cette nostalgie et à qui seule importe la levée d'écrou quand sonnera la cloche, qu'à l'heure où il aura franchi le seuil aimé, les visages seront figés et les voix muettes. Le bonheur n'habite la liberté que lorsqu'il en est exclu.

VII

C'était la première fois qu'elle était en retard. Un instant l'idée m'effleura d'une coquetterie inattendue et charmante. Je l'avais naguère plaisantée sur sa ponctualité. Elle avait baissé les yeux et en rougissant m'avait dit : « Je sais. Je suis toujours en avance.
– Et moi en retard. »
Elle avait acquiescé avec une gentille malice.

À vingt heures quinze je la vis arriver en courant, ses cheveux d'or caressant l'air autour d'elle, les yeux extraordinairement arrondis par une anxiété délicieuse. « J'ai raté mon train », me dit-elle essoufflée. Cela n'avait aucune importance. Nous avions toute la soirée devant nous et je me moquais bien de *Werther*. Au demeurant elle n'était en retard que sur son avance habituelle, tandis que depuis deux heures je vivais une attente exquise jusqu'à l'insoutenable.

Sa main répéta le même manège qu'au Français. Je demeurais incapable de la saisir. J'ignorais pourquoi elle était venue. Voulait-elle être aimée de moi ? Espérait-elle que nous dépasserions – selon ses propres termes – la confusion née de mes aveux pour nous installer dans une relation raisonnable ? À l'évidence elle ne me rejetait pas. Il me fallait comprendre et savoir.

Au bout d'une demi-heure, *Werther* me fut insupportable. Ce héros femelle empêtré dans son adoration platonique pour une Charlotte vierge et mère qu'il préfère fidèle au serment stupide fait jadis à une morte plutôt qu'heureuse entre ses bras, voilà bien le plus sot prélude que je pouvais choisir à mes amours délicates. Je brisai net le miroir. En plein spectacle j'entraînai ma protégée confuse hors du théâtre et l'emmenai dîner.
« C'est trop beau, dit-elle en arrivant à l'entrée du restaurant.
– Rien n'est trop beau pour vous, lui répondis-je aussi plat que Werther. »
Bien qu'il s'agît de notre quatrième repas en tête-à-tête, il était exceptionnel puisque c'était le premier depuis qu'elle me savait amoureux d'elle. Comblé de l'avoir toute à moi et d'être connu pour ce que j'éprouvais, je tremblais comme un collégien. Que ma passion fût intense, ni elle ni moi ne l'ignorions.
Mais pour mon malheur j'étais incapable d'élaborer quelque stratégie que ce fût. Attendait-elle seulement quelque chose de moi ? Je l'avais priée de s'installer face à la salle, le long des vitrages d'où le jardin se découvre dans la splendeur de mai. Elle consentit au verre de champagne, au saumon et autres gourmandises qu'elle se refusait d'habitude et, lorsqu'enfin je me sentis le

cœur de revenir au seul sujet qui m'importait, elle me regarda comme pour me signifier qu'elle était déterminée à tout dire puisque j'avais rompu notre pacte tacite. Elle se lança : « Bon ! vous voulez que nous en reparlions alors parlons-en. Je suis persuadée que vous êtes sincère. Mais vous savez bien que c'est impossible.
– Pourquoi ? lui dis-je en tremblant.
– La différence d'âge est sans importance. Mais vous avez une famille, des enfants, reprit-elle.
Elle me forçait à me découvrir.
– Et si ce que vous avez déclenché était de nature à rompre toutes les digues ? lui lançai-je en la fixant droit dans les yeux.
Et j'ajoutai :
– Mais peut-être n'avez-vous aucune envie de me voir ?
Elle se fit silencieuse.
– Je n'ai pas envie de ne pas vous voir, murmura-t-elle.
– Mesurez-vous ce que vous me dites ? repris-je aussitôt. L'espoir que vous me donnez va m'embraser comme une torche.
Elle ne répondit pas. Je ne voyais pas où elle voulait aller.
– Peut-être y a-t-il quelqu'un dans votre vie ? dis-je. Je le conçois fort bien.
Elle me fixa d'un regard parfaitement clair et dit simplement :
– Non. Personne. »

Elle était libre ; elle était là ; elle savait ce que j'éprouvais pour elle ; elle n'avait pas envie de ne plus me voir.

Je lui saisis la main. Je la serrai entre les miennes. Je la promenai sur mon visage, je la baisai. Puis je me hasardai à caresser doucement ses cheveux près des tempes : « Je connais par cœur chacune de vos tâches de rousseur », lui dis-je avec une tendresse, déjà épuisé de chagrin. Elle souriait.
« C'est vrai que vous représentez tout ce que je puis espérer de la vie, dit-elle, et que je ne retrouverai sans doute plus jamais.
Elle avait donc déjà pris son parti.
– Qui sait ? répondis-je. Je vais parler contre moi : vous le retrouverez peut-être.
– Je veux être honnête aussi, répliqua-t-elle. Quelqu'un me fait la cour. Mais pas de la même façon que vous. »
Son intonation signifiait qu'elle mettait bien au-dessus de l'autre la qualité de mon amour pour elle.

Je suis incapable de me rappeler comment les évènements se sont ensuite enchaînés. Je sais seulement qu'au lieu de forcer la porte, de lui offrir clairement ce qu'elle attendait peut-être – le mariage, une maison, des enfants – et que dès le lendemain je me découvrirais prêt à lui donner, je me comportai comme si elle avait dit non et que rien ne fût pour de bon possible. Je la reconduisis en voiture chez elle. « Où voulez-vous aller ? Florence ? Venise ? Corfou ? Dites et nous partons demain. »
Elle ne répondit pas. Elle me questionna sur ma femme, sur nos relations, sur ma fidélité. Je ne savais que répondre. J'étais perdu.

« Je roule très lentement, lui dis-je. C'est pour vous garder un peu plus avec moi.
– J'avais compris, répondit-elle.
– Voulez-vous que j'accélère ?
– Non.
Elle était triste. Je soupirai :
–Pourquoi faut-il que je vous aime ainsi ? »
Je pris sa main dans la mienne. Elle résista à peine. Je posai ensuite ma main sur sa cuisse sans qu'elle me repousse. « Je suis inexprimablement heureux avec vous », lui lançai-je. Elle avait sombré dans une mélancolie étrange, le visage de plus en plus triste, tourné vers la fenêtre. Je ne comprenais rien. Devant sa porte, je pris sa tête dans mes mains. Elle la tenait obstinément baissée comme une enfant qui va pleurer. Je l'embrassais de tout mon cœur, ses cheveux contre ma bouche. Quand elle se fut éloignée, mon bonheur était lézardé de sombres pressentiments.

Cette nuit-là je ne dormis pas plus que les précédentes. Je fus seulement plus agité. Ma vie basculait. Pour la première fois, l'idée de recommencer, loin des miens, une existence nouvelle, ne me paraissait ni coupable ni tragique. Au contraire, elle s'imposait à moi comme une évidence. Je pensais à la phrase de Marguerite Duras lue sur un mur : « Le bonheur est une innocence. »

Mes amis inquiets de ces bouleversements me suppliaient en vain de réfléchir, de ne rien brusquer ni compromettre. En fait ils ne me proposaient que des

compromis et des demi-mesures. Je ne pouvais ni les entendre ni différer. Le lendemain je lui fis porter une gerbe de roses avec un mot l'invitant à passer avec moi la soirée du 24 mai. J'y parlais de mon « retour vers ma source » et « d'urgence vitale ».
Nous étions au vendredi qui précédait la Pentecôte. Un mariage m'appelait en province dans la maison aux hirondelles. Je pris la route l'après-midi. Ma résolution se fortifiait à mesure que le temps passait : ma femme serait mise au courant. Nous nous séparerions. Mes enfants me verraient toujours et je ne laisserais personne dans le besoin.

M'aimait-elle seulement ? Accepterait-elle ? Je ne voulais pas envisager qu'informée de mes décisions elle y résisterait. Je la sentais au point de dire « oui » à condition que ce fût pour un grand amour, non pour une aventure ou une liaison.

Samedi matin : le soleil de mai illumine la vallée de la Dordogne. Sous les falaises de Gluges, le petit hôtel qui m'abrite resplendit de toute ma joie. Ces paysages jadis témoins de ma jeunesse douloureuse me voient réconcilié avec la vie sous la forme du plus pur bonheur que j'aie jamais osé espérer. Je suis ivre. Demain avec elle, ces heures évoquées ensemble, comme celles qu'elle vit encore seule, feront nos premiers souvenirs. Elles seront les moments sacrés où nous allions l'un vers l'autre, « incertains de nous-mêmes » comme Paolo et Francesca dont l'histoire est contée par Dante.

Depuis la nuit de jeudi, je suis loin d'elle. A-t-elle reçu mes fleurs ? Est-elle libre mardi ? Son adresse et son téléphone sont inscrits sur un morceau de papier qui ne me quitte pas. Il est midi. Le monde baigne dans une lumière surnaturelle. Peut-être est-elle chez elle dans ce petit appartement que j'imagine depuis si longtemps sans le connaître encore. Les falaises brillent doucement comme une chevelure. Ma famille s'est assemblée sous des parasols verts et blancs attendant l'heure de la cérémonie. Je monte à toute vitesse dans ma chambre. Je compose son numéro, assis sur le bord du lit, face au mur blanc. Une appréhension m'étreint. Pourquoi donc ? En avoir le cœur net. Peut-être attend-elle un signe ? Si elle n'est pas libre mardi, nous fixerons une autre date, sans attendre. La sonnerie sonne chez elle. Je la demande. Elle vient. « C'est Bertrand. »
Sa voix lointaine me glace.
« Vous m'en voulez de vous avoir appelée.
– Oui.
– Avez-vous reçu mon mot ? Vous verrai-je mardi soir ?
– Je vous ai écrit.
– Mais je ne suis pas à Paris.
– Vous trouverez ma lettre mardi matin.
Je me décompose.
– Cela veut dire non, n'est-ce pas ?
– Oui, réplique-t-elle sans un mot de plus. »
Je suis incapable d'autre chose que de bredouiller « au revoir » et de raccrocher.

Je reste immobile face au mur blanc de ma chambre qui m'écrase comme une prison. Le soleil d'un seul coup s'est éteint. Le monde est noir, sans couleur, dur, vide, intolérable. Ma descente en enfer vient de commencer.

Les trois jours de cette Pentecôte comptent parmi les plus terribles de ma vie. Ils sont encore moins atroces que ce qui suivra au retour.

Sa lettre lue le mardi est ainsi rédigée :

> « *Il est des jours où il me semble qu'il ne m'a été donné un cœur que pour qu'il soit mis à l'épreuve. Vous en êtes une nouvelle, je dois m'en protéger. Sachez surtout que je ne doute pas de votre sincérité. C'est pourquoi il ne m'est pas facile de vous écrire ce soir que je ne pourrai pas vous voir le 24, pas plus que je ne pourrai vous voir un autre jour.* »

La détresse est totale. Je ne l'accepte pas. Je ne veux pas mourir au bonheur. Éperdu, je lui écris à mon tour :

> « *Pourquoi vous soucier de votre cœur puisque je le prends en charge ? Et m'en auriez-vous parlé si vous n'étiez tentée de vous laisser aimer ? De quoi donc avez-vous peur ? Vos soupçons je les dissipe, vos doutes je les balaye. Vous savez que je suis éperdument amoureux de vous. Vous ne pouvez pas ne pas accepter de me revoir. Je vous attends.* »

Mais son silence déjà s'était refermé sur moi comme un couvercle. En vain je l'ai attendue. Elle n'a jamais reparu. Je suis demeuré figé dans la souffrance, carbonisé jusqu'à l'os. Abandonné.

VIII

Qui es-tu ? Je ne te connais pas. Tu prétendais le contraire. Je ne sais rien de toi. Qui t'a donné sur moi cet empire, que je refuse et que rien n'a détruit ? De quel droit t'es-tu rendue maîtresse de ce dont tu n'as que faire ? La petite fille m'a planté, grotesque comme un héron sur une patte.
Les bras en croix au moment de tomber, cette pichenette, c'est toi. Grotesque ! Moi, col marin, culotte courte avec la robe par-dessus. Hideux ! Toi, voleuse, receleuse, impure, te voilà libre, innocente et chaste. Grande dame ! Ma famille ! Mes enfants ! De quel droit ! Prudence de vierge ! Trop tard pour toi. Mensonge. Et moi imbécile. Le courage de dire : « Vous êtes vieux, adipeux, puant. Regardez-vous. » Rien. Pas de courage. Et moi bouffon. L'espoir me va comme un pourpoint à Falstaff, une soutane à Don Juan, une jupe à une chèvre. Hideux. Toi, qui es-tu ? Ces femmes qui te tournent autour, les frustrées de quarante ans, tes « amies » ? Qui ? Des abandonnées en quête de maternité ? Des gousses ? Que donnes-tu ? Lesbienne peut-être ? Brouteuse broutée. Excitant, dégoûtant. Moi, mon amour ruisselant de sueur, collégien masturbomane. Hideux. Les voyous

peut-être. On aime les voyous. Battue, trompée, baisée, contente. Le gros bourgeois est minable. Papa veut me faire l'amour. Et il va tout donner, le con. Rien à foutre. Sordide ! C'est moi l'horreur. Quoi, tout ? Rien à mon âge. Vieux, usé, laid, fini.
L'espoir à prothèse en plastique. Toi, chair ferme, blanche, à peine touchée, même beaucoup. Neuve. Yeux sans taie. Doigts petits. Enfant malgré toi. Pour quelque temps encore enfant. Innocente ? Parce que je t'aime. Hideux ! Tu me l'as prise cette innocence. Tu me l'as pompée, tu t'en es gorgée.
Quelle aubaine ! Tu as rechargé sur moi ton innocence. Je suis vide. Sac vide. Haine de moi.

La poutre. Pas la première. Trop basse. L'autre plus haut. Ma corde dans le coffre. La poutre. Un tabouret. Fini. Encore plus laid ! La langue dehors, l'œil à moitié sorti, la queue qui bande. Pendu par amour. Bandant par hasard. Après la mort ! Malgré moi ! Tout seul ! Hideux ! Tout a brûlé. Maison, femme, enfants. Tous comme morts. M'en fous.
Ciel noir. Monde noir. Ma tête cognée. Les sauterelles dans le bocal deviennent folles au soleil. Souffrent comme des bêtes. Pas d'issue.

Jamais vu tant de blondes. Toutes vingt ans. Vieux tout seul. Dégoûtant. Cuisses jeunes entrouvertes, petites culottes, sexes frais. Sucer, sentir, lécher. Voir jouir. Petits cris. Petits coups. Langue. Baisers. Petites mains. Yeux révulsés dans le plaisir. Rire, jeux. Et moi traînant en laisse mon vieux chien d'amour dégoûtant, grinçant des guibolles, braguette ouverte, pissant sur moi. Haine définitive de soi.

Où es-tu ? Pas un mot ! Pas un appel ! Même pas merci. Qui je suis pour toi ? Rien ? T'ai coûté cher ! Une dette. Suis une dette. Tu rembourses. Tu rembourseras longtemps.
Vengée. Je paye. Pour toujours je paye. Tu inverses tout. Très forte. Qui es-tu ? Moi con, avec ma tête et ma robe et mon chiotte et mon Ford et mon fric : « Aime-moi ! » J'ai dit : « Je suis comme neuf, j'ai dit. Juste une femme depuis dix-huit ans, des fils qui te sauteraient, des maîtresses qui seraient tes copines, ma tête farcie de gonzesses, une chair molle frottée partout. Aime-moi. » Hideux ! Toi, juste un voyou, deux peut-être. Et puis dix, on s'en fout. Neuve. Toujours. Belle. Innocente. Un peu salope. Dure. On t'a cognée dur. Mais belle. Les vieux, les malades, tu visites, tu panses, tu essuies. Belle.
T'aime. Hideux ! J'ai mal. Mourir. Ma vie de merde contre celle d'un enfant. Ça agonise partout. Ça pleure partout quand ça meurt. Moi je m'en fous. Ma vie, Dieu contre celle d'un enfant. Pas foutu de crever tout seul. Prenez !

Sourd, le vieux, comme d'habitude !

IX

Ton silence m'avait soudainement dépossédé de toi. Du monde aussi puisque tu t'étais confondue avec lui. De moi qui ne vivais qu'en toi. Il m'a lentement détruit de l'intérieur comme un poison dévorant et insupportable qui ne ferait pas mourir. Il s'est durci semaine après semaine jusqu'à se calcifier plus dur et plus inaltérable que le granit ou le marbre. Il pèse désormais sur moi à qui il ne reste plus aucune énergie pour souffrir, comme la dalle soigneusement scellée sur une tombe. Tu as choisi de devenir quintessence de l'absence et du silence. Tu n'as finalement pas plus de consistance que celle de ce sépulcre. En vain imaginerais-je aujourd'hui ta réalité charnelle : tu es sans visage, sans regard, sans voix.

Je ne te cherche presque plus. Par-delà le supplice et comme anesthésié, je contemple celui qui, avec toi, achève de mourir. Je nous regarde mourir. Quelque effort que je fasse, tu ne parviens plus à renaître dans ma mémoire. Je puis bien te nommer, te parler, te faire asseoir en face de moi, inutile ! Celui qui t'aime à hurler achève en moi de mourir. Je ne veux avoir aucune pitié de lui. Je ne l'entendrai bientôt plus. Je ne suis ni

résigné, ni consolé, ni amer. Simplement je n'ai plus de force. Je parviens exténué à la fin de ces lignes. Il me fallait jusqu'à leur terme les griffonner douloureusement comme l'on va à travers les larmes au bout de son désespoir. Longtemps j'ai rêvé qu'une fois achevées, je t'enverrais ces feuilles remplies de toi. Écœurant, sursaut d'espérance. Je n'y songe même plus.
Puisses-tu même ne jamais les lire ou t'y reconnaître. Puisses-tu reposer avec moi le mourant dans ce tombeau à deux de ma mémoire. Telle était ma part en ce monde avec toi. Qu'importe qu'il y en ait une autre ailleurs ? Celui qui t'aime se meurt. Il emporte avec lui dans la tombe, sous la terre ou au fond du puits les quarante-deux années d'existence qui avaient préparé ta venue.

Sous quels traits vais-je me survivre ? De quoi demain sera-t-il fait ? Comme il m'est dur encore d'admettre que la comédie continue. Ce soir, je n'y ai toujours aucun goût.

FIN

Martyrs de l'absurde

À mon grand-père Henry
À ma grand-tante Anne-Marie

I

Une simple histoire de famille, vieille et jaunie. Rien n'en subsiste que ces photos et encore pas pour longtemps. Je les scrute. Une jeune fille en robe de mariée, toute seule, cheveux bruns, yeux noirs et brillants. Sa bouche esquisse un sourire qui semble arraché à la douleur. On lit en bas : *Carmel d'Autun - 1908*. Elle se prénommait Anne-Marie, en religion, sœur Marie de la Passion. C'est marqué en dessous.

Sur la feuille d'à côté, la photo d'une scène de théâtre en 1898, dans un jardin, sous un séquoia nain planté sur le rocher. Deux acteurs d'un jour, Henry et elle ; il lui tient le poignet comme pour prendre son pouls, l'air faussement grave qu'accentue son lorgnon. Il joue Diafoirus. Elle, assise sur un fauteuil de jardin, porte déjà une robe blanche. Elle est le malade imaginaire. Elle regarde son cousin germain tout éblouie comme si sa main l'avait guérie. Ils se moquent bien de trahir Molière. Autour d'eux, des figurants aux noms qui se seraient perdus sans la légende sous la photo : leurs frères. On imagine les parents faire le public de l'autre côté de l'objectif.

Deux photos, c'est tout. Deux qui se font vis-à-vis lorsqu'on ouvre l'album et qui semblent s'écraser l'une contre l'autre quand on le referme. Plus d'espace alors. Elles sont collées pour ainsi dire. Pourtant, tout est dans cet entre-deux : la joie et l'amour, la frustration et la souffrance, la nostalgie jusqu'à la mort.

*
* *

Henry était le troisième d'une fratrie de cinq fils. Ses deux aînés n'avaient vécu que quelques semaines. Estelle, leur mère, trembla de le perdre à son tour. Malingre et souffreteux à sa naissance, elle le couva, multiplia neuvaines et pèlerinages, et entraîna même son mari à se convertir. Henry ne mourut pas.

Son père Eugène était avocat à Aubusson, comme son propre père, son grand-père et son arrière-grand-père. Autour des dix ans d'Henry, la famille s'installa à Rochechouart. Eugène, devenu magistrat pour raison de santé, y avait été nommé président du tribunal. On envoya Henry faire sa scolarité à Limoges dans un pensionnat catholique pour jeunes gens de bonne famille. Il y apprit le latin et le grec, la rhétorique et la casuistique, et pratiqua avec modération divers exercices corporels que la faculté avait recommandés afin de remédier à sa complexion fragile.

Ainsi s'écoulèrent les années de son adolescence dans cette France d'entre les deux guerres. À Paris, on s'émerveillait des premières automobiles ; on se divertissait de petits potins ou de frasques libertines ; les esprits s'échauffaient de tout et de rien, jusqu'à en découdre à propos d'un obscur officier juif. Mais à Aubusson, Rochechouart ou même Limoges, les saisons seules rythmaient les battements de la vie. De l'automne flamboyant au commencement de l'été, Henry se réjouissait paisiblement de tout : une partie de chasse aux côtés de son père, le déjeuner du dimanche en famille, une chevauchée dans la campagne entre prés et bois, un livre et, plus que tout, le face-à-face avec la toile sur laquelle il s'essayait à peindre.

Enfin juillet venait et le retour à la terre promise dans la petite propriété du Bourbonnais, leur maison de vacances dont l'odeur ne l'avait pas quitté durant l'exil de l'hiver. Il s'enchantait de retrouver bientôt son escalier en colimaçon, la cheminée de la cuisine en pierres noires de Volvic, les petites pièces aux papiers peints emplies d'armoires et de commodes, le lit à barreaux de sa chambre et les animaux empaillés du salon qui patiemment l'attendaient. Les embarras du voyage ne le rebutaient pas, au contraire, ni le poids des cartons à chapeaux ou du porte-parapluies dont il avait la garde, ni les interminables escales entre Rochechouart et Limoges, ni celle de nuit dans l'attente de l'omnibus qui quatre heures

plus tard les mènerait à Chantelle. Il passerait la dernière heure mal assis dans la charrette du fermier venu les chercher avant de retourner à la gare charger les malles de vêtements et de vaisselle dont on aurait besoin tout l'été.
Estelle contre qui dormait les deux petits, André et Gaston, relèverait sa robe sombre pour descendre et dirait : « Ce n'est pas trop tôt ! » Eugène, lui, enjamberait prestement la ridelle pour ouvrir le premier la porte et les volets et voir si le journalier avait bien amassé du bois auprès des cheminées et des poêles. Aussitôt fait, il se rendrait à l'atelier pour y accrocher son fusil et s'assurer que tous les outils et instruments de jardinage étaient bien rangés à leur place. Alors commenceraient les jours du bonheur.

Henry se faisait une joie d'accueillir bientôt Anne-Marie, Charles et Xavier, dès que Stanislas Mathivon, médecin à l'hôpital de la sous-préfecture voisine, aurait fini d'initier son jeune remplaçant qui chaque année n'était jamais le même et se faisait toujours attendre. Ils arriveraient à la tombée du jour dans un grand bruit de cheval au trot et d'essieux mal graissés. Stanislas, du haut de son mètre quatre-vingts, entourerait sa sœur Estelle de ses bras puissants. Après l'avoir embrassée avec force, il lui dirait en reculant un peu : « Dis-moi, ma belle, est-ce que tu n'aurais pas un peu forci ? » Elle lui décocherait une bourrade et le serrerait aussitôt contre elle en riant, tandis que les trois petits se jetteraient sur leurs cousins. Adèle, leur mère, toujours silencieuse, comme absente, déposerait un à un dans la cuisine les sacs de provisions qu'elle aurait rapportés : elle n'était jamais sûre que ce qui pousse dans cette campagne qu'elle n'aimait pas fût de la qualité de ce qu'on trouvait à la ville.

Le lendemain, réveillés dès l'aube, une fois engloutіes les tartines de pain de campagne et la chicorée au lait, la petite bande se précipiterait dehors. « Mettez vos sabots ! » crierait tante Adèle. Alors dévalant le pré en pente qui mène vers la rivière, ils iraient redécouvrir leur univers. Tout au long de l'été ce ne serait plus que randonnées à bicyclette ou escapades sur les chemins aux haies couvertes de mûres, parties de pêche à la ligne, jeux de criquet ou de volant.
Depuis le mur du jardin qui surplombe le pré, on donnerait à manger aux vaches le lierre qui le recouvre. On s'amuserait du bruit de leur souffle quand elles ouvrent leur immense bouche pour tirer leur langue et l'enrouler autour des feuilles. De loin en loin le bruit d'un attelage ou le hennissement des chevaux couvriraient le chant des rossignols et le tambourinement des pics-verts.
Les jours de moisson, ils suivraient les paysans pour glaner les épis tombés des charrettes. Ils en extrairaient la farine à l'aide du moulin à café. Ils confectionneraient, grâce aux conseils d'Anne-Marie, les meilleures galettes du monde. Le soir après le dîner, agrémenté parfois des vairons, des ablettes et des goujons rapportés de la

Bouble, ils pourraient, « à condition de ne pas se coucher trop tard », jouer aux dames, aux dominos, au jacquet, parfois même aux échecs sous l'œil d'Eugène ou de Stanislas qui leur enseigneraient les rudiments de la stratégie en veillant au respect des règles.

Cette maison familiale, construite vers le milieu du siècle par le père de Marthe, de Stanislas et d'Estelle, sur les ruines d'une demeure ancienne, fait face à un promontoire encerclé par la rivière au fond des gorges qu'elle a creusées. S'y dressait un château fort que Richelieu fit raser. Il laissa intacts l'imposant prieuré, sa chapelle aux absidioles romanes et trois grosses tours dont l'une avait été décapitée. Des bénédictines y établirent leur couvent.

De l'autre côté du demi-cercle, sur la même rive, Marthe, la fille aînée, s'était résolue à acheter sa propre demeure après que le hasard eut désigné Estelle comme future propriétaire de la maison familiale. Leur père, en effet, afin de ne pas paraître avantager aucun des trois, s'en était remis à un tirage au sort avec pour urne son chapeau. Sans amertume ni rancœur, les trois familles ne cessèrent de s'aimer jusqu'à la tragédie que je dois rapporter.

L'été passait sans qu'on s'en aperçût. Le temps s'était mis en jachère. On se moquait bien que le jour s'achevât : la nuit préfigurait la renaissance de l'aube et la répétition de plaisirs parfaits. Demain reproduirait hier. La journée neuve, identique à chaque autre, loin d'engendrer l'ennui, attisait la soif de vivre dans la plénitude de la joie. Tout était plaisir.

Veillant sur ces destinées enfantines, l'abbaye distillait aux mêmes heures la musique de ses cloches, de jour et de nuit, comme le rappel apaisant de la sollicitude divine. Le vent d'ouest la portait vers Chambord en l'amplifiant et l'auréolait d'une clarté sonore qui rendait perceptible l'évidence de Dieu.

Tous les dimanches la petite cohorte poussait la porte du jardin, descendait par l'escalier de pierres dans le pré en pente jusqu'au sentier qui longe la rivière. Une passerelle en fer au plancher de bois permet d'emprunter le chemin qui sur la rive d'en face monte en zigzaguant vers la tour du nord, impressionnante sur sa base évasée, avec son collier de mâchicoulis et son toit noir en bardeaux, pointu comme une lance. Aussitôt après la cour d'honneur, face au grand portail, toujours ouvert, l'entrée de la chapelle. La règle de la clôture en interdisait l'accès principal aux fidèles, hommes et femmes, laïcs et clercs. Il leur fallait la contourner afin d'entrer par le chevet et prendre place dans le déambulatoire. La nef était réservée à la soixantaine de religieuses composant la communauté. Elles étaient séparées du chœur et de l'autel par une grille en fer forgé doublée d'un immense rideau noir. On pouvait seulement les apercevoir quelques secondes, l'une après l'autre, lorsque, au moment de la communion, elles présentaient leurs lèvres au célébrant à travers une minuscule lucarne, leur voile rabattu sur leurs yeux et la langue tendue pour recevoir à genoux l'hostie. La révérende mère abbesse fermait le défilé et aussitôt après elle une de ses sœurs verrouillait la lucarne. Alors montait de la nef invisible un chant céleste d'action de grâces modulé par des voix qu'on eût dites enfantines, sans visage et vêtues de noir.

L'office terminé, la troupe se dispersait. Les garçons dévalaient la pente à travers les arbres sans se soucier du sentier. Les hommes conversaient quelques instants avec le notaire ou le médecin du village, tandis que les femmes s'en allaient chercher le pain. Anne-Marie avait coutume de demeurer la dernière dans la chapelle qui n'était jamais fermée. Elle prolongeait à plaisir sa contemplation du crucifix au-dessus de l'autel ; elle goûtait jusqu'à la dernière note la musique sacrée du petit orgue qui ne s'était pas tu à la fin de la messe. Elle jouissait des parfums mystiques : l'encens flottant sans retenue entre les colonnes et les voûtes et la mince fumée des cierges à peine éteints, tandis qu'elle poursuivait dans la pénombre son face-à-face avec Dieu qui désormais n'existait plus que pour elle.

*
* *

Stanislas Mathivon dirigeait l'hôpital de la petite sous-préfecture où son père Charles avait été receveur de l'Enregistrement. Construit au début de l'Empire, selon les mêmes plans que les casernes, les écoles et les prisons, son cloître carré enchâssait une cour sans verdure ni fontaine.

Aux premières heures du printemps y déambulaient les convalescents et les abandonnés, tels des fantômes rendus au jour. Un crucifix de pierre au centre, pareil à ceux des cimetières, étendait ses bras noirs et raides comme un appel à la résignation dont le fils de Dieu avait donné l'exemple.

À heures régulières, soupirait sombrement l'harmonium de la chapelle voisine. L'été, ses notes graves ponctuaient les gémissements et les râles qui montaient vers le ciel par les fenêtres entrouvertes.

Les dimanches où son père était de garde, Anne-Marie l'accompagnait. Elle ne venait jamais les mains vides : elle apportait des fleurs, des livres, des friandises et les offrait à ces reclus pour qui, dans la semaine, elle avait pris soin de prier.

« Pourquoi sont-ils si malheureux quand moi je suis aussi heureuse ? » se disait-elle. Elle aurait voulu les secourir tous. Elle se gardait bien d'en faire grief à Dieu. Elle le priait, au contraire, de lui pardonner puisque le mal et la souffrance du monde, comme on le lui avait appris, étaient le fruit empoisonné de ses propres fautes.

Tous les actes de la vie quotidienne n'avaient de sens qu'en rapport avec le bien et le mal. Apprendre sa leçon, s'effacer sur le seuil devant une grande personne, ne pas se resservir deux fois, se laver les dents le matin et le soir, mille autres gestes du quotidien plaisaient à Dieu puisqu'ils incarnaient le bien. En revanche, dire un gros mot, faire une faute d'orthographe, souffler une réponse à une condisciple qui sèche ou ne pas avoir lacé ses souliers après la culture physique contribuaient à l'épanouissement du mal dans le monde et faisaient donc de la peine à Dieu.

Lorsqu'elle eut atteint ses sept ans, commença la préparation à l'Eucharistie. Elle savait que bientôt, après qu'elle aurait confessé ses péchés au prêtre qui lui donnerait l'absolution, elle s'approcherait pour la première fois de la table de communion et recevrait l'hostie, c'est-à-dire le corps même de Jésus, qu'elle aurait soin de ne pas mâcher mais d'avaler tout rond pour ne pas le blesser. En prévision de ce grand jour, la maîtresse avait disposé sur son bureau un vase rempli de grains de blé. Chacune des élèves s'était vu remettre une petite boîte en carton à son nom. Tous les matins après la prière, avant que la classe ne commence, les petites, à la queue leu leu, se présentaient, chacune à son tour, devant la maîtresse. Sous son regard bienveillant, elle prélevait dans le vase autant de grains de blé qu'elle avait fait de sacrifices la veille, pour les placer dans sa boîte personnelle. Bien souvent, Anne-Marie regardait, navrée, la maîtresse, et

repartait la laissant presque vide. Alors, de sa voix souriante et grave, la maîtresse lui disait tout haut : « Ah ! je vois qu'Anne-Marie n'a pas été sage hier ! »
D'autres élèves avaient moins de scrupules et puisaient dans la boîte sans une rougeur au front. Pour rien au monde Anne-Marie n'aurait voulu mentir à Dieu qui voit tout. Et comme elle pensait que toutes ses camarades étaient animées de la même ferveur, elle se sentait la moins pure et la plus coupable.

Le jour de la première communion arriva. Chaque petite fille était habillée de blanc avec une couronne de petites roses blanches sur la tête. Elles entrèrent en ordre l'une derrière l'autre dans la chapelle sous le regard des familles déjà installées. Elles se placèrent où on le leur dit dans les tout premiers rangs près de l'autel et s'agenouillèrent. L'une des maîtresses remit alors à chacune un petit sac en satin blanc agrémenté d'une cordelette pour être glissé autour du poignet : c'était les sacs des grains de blé symbolisant l'offrande que chacune avait faite à Jésus des efforts accomplis. Anne-Marie s'aperçut que le sac qu'on lui donnait était trop gonflé pour être le sien. Prise d'une peur panique, elle appela la sœur distributrice : « Ma Sœur, ce n'est pas mon sac. Le mien est beaucoup plus petit », dit-elle. Tout sourire, la sœur lui répondit : « Vous êtes de gentilles petites élèves et on vous en a rajouté à chacune. » Anne-Marie, alors, se sentit perdue. Pendant toute la messe, elle implora Dieu de lui pardonner ce mensonge involontaire que

pour rien au monde elle n'aurait voulu commettre au moment où elle allait s'unir à lui.
Vint l'instant de l'Eucharistie. À genoux au milieu des autres devant la nappe qui recouvrait la rambarde en fer forgé dite table de communion, elle sentit se rapprocher le prêtre. Il tenait à la main le ciboire. Tremblante, elle ferma les yeux et ouvrit la bouche. Pendant que le célébrant murmurait pour elle : « *Corpus Domini nostri Jesu Christi custodiat animam tuam in vitam æternam. Amen !* », elle répétait avec intensité dans le silence de son cœur : « Pardon ! Pardon ! Pardon ! » Et tandis que la petite foule des parents émus chantait à pleins poumons le *Salve Regina*, tout à la joie de contempler ces puretés enfantines qui rachetaient leur médiocrité, Anne-Marie ne put retenir ses larmes. Sa mère, l'austère Adèle, les attribua à la précocité de son sens mystique et se félicita de le lui avoir insufflé.

Ainsi s'écoulèrent les années de son enfance. Elles eurent pour décor la maison familiale, sa salle à manger au buffet Henri II, le salon aux guéridons juponnés et aux sièges Napoléon III. Les fenêtres étaient encadrées de lourds rideaux sombres. Au mur des portraits d'ancêtres, médiocrement peints, des copies de tableaux noirâtres figurant des colonnes romaines ou des ruines médiévales. Au-dessus de chaque porte un crucifix : Jésus y était cloué. Mais au lieu d'être grands ouverts, ses bras dessinaient une forme de « V ». Au bas de ces croix jansénistes, on aurait pu lire, au lieu du « INRI » traditionnel, la phrase de Pascal : « Ce n'est pas pour rire que je t'ai aimé ! »

Toute la semaine avait pour théâtre le collège. La journée y débutait par la messe conventuelle à laquelle assistaient les élèves et s'achevait par le Salut du Saint-Sacrement. Après que l'aumônier avait élevé le plus haut possible l'ostensoir en lui faisant balayer l'espace au-dessus des têtes penchées, il récitait la dernière prière : « Ramène à Toi, Père très aimant, ceux qui se sont égarés dans les ténèbres de l'idolâtrie ou de l'islamisme. »

Enfin, les dimanches étaient consacrés à la messe du matin, aux vêpres de l'après-midi et, tous les quinze jours, à l'hôpital. Le reste du temps, Anne-Marie cousait, une fois les devoirs faits et les leçons apprises. Parfois, comme un rayon de lumière, s'annonçait quelque visite d'amis ou de proches accompagnés de leurs enfants. Anne-Marie et ses frères s'en réjouissaient pour la liberté qui leur était alors donnée de s'ébattre dans le petit jardin, de jouer aux cartes dans le salon ou de s'enfermer dans les chambres pour y papoter et rire.

À quinze ans, elle quitta l'école comme la plupart des jeunes filles de son âge. Elle en savait assez pour devenir une épouse modèle et peut-être davantage si Dieu le voulait, lui avait dit sa mère. Tandis que ses frères poursuivaient leurs études, l'un en médecine, l'autre en droit, à Clermont-Ferrand – la métropole voisine –, elle continua de s'initier aux travaux domestiques. Elle aidait les bonnes à plier les draps, à amidonner les cols des hommes et à confectionner des conserves pour l'hiver. Le soir, elle lisait inlassablement sous la lampe à pétrole de sa chambre les contes de Grimm ou d'Andersen, la comtesse de Ségur, l'Initiation au christianisme. Elle ne s'endormait jamais avant la prière du soir, murmurée à genoux au pied de son lit.

À l'heure de la toilette, il lui arrivait de se regarder, rêveuse, dans le petit miroir au-dessus de la cuvette de faïence. Elle s'amusait de son épaisse chevelure brune, de ses yeux noirs, et se trouvait laide. Elle aurait voulu ressembler à ces héroïnes blondes aux yeux bleus des contes, seules dignes des chevaliers qu'un divin hasard conduit jusqu'à leur retraite. Quel pur-sang s'arrêterait à sa porte pour qu'en descende, émerveillé, le futur prince d'un fastueux royaume ? Il plierait le genou devant elle ou se pencherait sur elle endormie. Son souffle tiède et parfumé l'éveillerait et leur premier regard les unirait pour toujours.

Mais si Dieu voulait disposer d'elle d'une autre manière, comme le lui laissait entendre Adèle sa mère, elle accomplirait le destin qu'il lui aurait assigné. Son sang, qui chaque mois préfigurait la maternité, était aussi celui du Christ crucifié.

*
* *

Henry n'était pas beau. Sa tête surplombait un cou maigre d'où saillait sa pomme d'Adam. Né chétif, ses parents avaient craint de le perdre à son tour comme leurs deux aînés. Au collège, on l'avait dispensé de tout effort physique intense alors qu'il ne demandait qu'à se mesurer aux autres. Plus tard, à l'heure du service militaire, on l'affecta au peloton des dispensés. Il se battit malgré tout pour obtenir de participer à une course de fond. Loin de s'effondrer, il termina vainqueur. Au lieu de lui en faire compliment, ses camarades le prirent pour un sournois. Toute sa vie, sa volonté lui tint lieu de santé physique et son sens de l'humour forgea son endurance. Mais s'il s'amusait à surprendre, il eut soin de toujours garder secrètes sa volonté de ne jamais fléchir et sa fierté de se surpasser. À quoi bon humilier les autres, quand seules comptent les victoires sur soi-même ? Ce sage détachement, mêlé de bienveillance, lui était aussi naturel qu'aux médiocres le dépit et l'envie.

Au collège Saint Martial de Rochechouart où il fut pensionnaire, la jeunesse d'Henry fut celle d'un exilé et d'un captif. Les journées commençaient avant l'aube par la messe à laquelle, comme d'autres élèves, il ne se contentait pas d'assister. La chapelle comportait le long des murs, de chaque côté de la nef, des autels surmontés chacun d'un tabernacle, d'une statue de la Vierge ou d'un saint, et tout en haut d'un Christ en croix. Avant d'aller dispenser leurs cours, les prêtres du collège, alignés chacun pour soi, célébraient seuls l'Eucharistie.

Henry comme d'autres faisait partie des servants de messe volontaires, selon un roulement préétabli et parfaitement huilé. Ainsi, pendant vingt à quarante minutes, en fonction de la rapidité du célébrant, l'enfant de chœur agenouillé sur la petite marche au bas de l'autel, dans le froid sombre de l'hiver, répondait à voix basse aux formules du prêtre : « *Dominus vobiscum* » – « *Et cum spiritu tuo* ». Quelquefois le petit bonhomme harassé s'assoupissait. Alors haussant la voix, l'un avec autorité, l'autre sur un ton compatissant, le réveillait brusquement : il s'empressait vers les burettes ou se précipitait vers le gros livre des évangiles pour le porter de gauche à droite ou de droite à gauche. Lorsque le prêtre se retournait une dernière fois, les bras écartés, en lui disant : « *Ite missa est* », le « *Deo gratias* » que lui renvoyait Henry n'était pas une vaine formule.

La journée qui suivait voyait alterner les cours, les bons et les mauvais, puis les heures d'étude surveillée. Son baccalauréat réussi, Henry partit pour Poitiers y étudier le droit. Il ne pouvait que devenir avocat, le huitième d'une dynastie commencée par Léonard né en 162… Son portrait réalisé par un peintre de son temps, Eugène l'avait relégué dans le grenier de Rochechouart après qu'il avait quitté le barreau d'Aubusson. Cette toile médiocre, quoique peinte au XVIIe siècle, porte aujourd'hui une sorte de cicatrice à l'endroit de la bouche : Henry, à l'âge de six ou sept ans, allait secrètement rendre visite à son ancêtre reclus et lui donnait à manger à l'aide d'une cuillère. Il fit un trou dans la toile, ouvrant ainsi la bouche de l'ancêtre, premier avocat de la lignée, que son descendant, devenu juge, avait scellée.

À vingt ans, Henry intégra le barreau de Limoges en qualité d'avocat stagiaire. Anne-Marie avait dix-sept ans. Cet été-là, Henry et sa famille s'installèrent les premiers dans la maison commune. Henry avait déjà perdu la plupart de ses cheveux et portait un lorgnon. Quand elle arriva à son tour, Anne-Marie ne put s'empêcher d'en rire, sans méchanceté.
« Comme tu as changé ! » lui dit-il, d'une voix intimidée. Le soir, tandis qu'elle se concentrait face à lui sur le damier, Henry respira le parfum de ses cheveux noirs, s'émerveilla de ses mains fines qu'il n'osait pas prendre dans les siennes et se troubla à chaque fois que sa cousine posa sur lui son regard comme si elle attendait une parole décisive. Dès lors inséparables, ils vécurent côte à côte tous les jours qui suivirent. L'un et l'autre, sans rien en dire, surent très vite ce qui les liait. Des mots définitifs auraient risqué de briser le miroir. Les rôles qu'ils apprenaient pour offrir un spectacle à leurs proches dissimulaient par pudeur, comme s'ils avaient porté un masque, la vérité de leur cœur : elle ne s'en exprimait que mieux.

À l'automne, ils commencèrent à correspondre et, sous prétexte de s'enquérir de l'autre ou de l'informer de soi,

Henry et Anne-Marie se signifièrent qu'ils s'aimaient et qu'ils ne s'imaginaient plus vivre l'un sans l'autre.

« Chère Anne-Marie, lui écrivit-il, j'ai grande nostalgie de nos dernières vacances. Sans cesse, je nous revois si proches et si complices. Tout de toi me manque : tes paroles si belles et si sages, ton sourire, ton air sérieux, ton rire. Je travaille discrètement même si je m'efforce de bien faire mon apprentissage. Il me manque de pouvoir te parler, de recevoir tes conseils et de te retrouver le soir pour enfin me sentir tout à fait apaisé et heureux. Quel nom cela porte-t-il lorsqu'il n'y a plus ni cousin ni cousine mais un jeune avocat stagiaire solitaire qui n'aspire qu'à vivre avec toi ? »

Trois jours après, il reçut sa réponse : « Henry, moi aussi je suis heureuse lorsque nous sommes ensemble. Et moi aussi je pense à toi plus qu'il n'est raisonnable. Si nous nous aimons de tout notre cœur, nous devons ne pas oublier les liens du sang qui nous défendent ce qui est permis aux autres. J'en suis bien malheureuse car tu as toutes les qualités pour être un jour un mari et un père parfaits. »

À cet instant se tendit le ressort de la tragédie à venir.

*
* *

II

Pendant les trois années qui suivirent, Anne-Marie et Henry n'eurent de cesse de s'écrire. La feuille et l'encrier conjuraient comme par magie l'insupportable absence. Les mots qui s'envolaient vers l'autre le rendaient presque palpable. Leur pudeur même donnait plus de feu à leurs phrases. Anne-Marie avait, sans le dire, imposé un style épuré. La crainte du péché la maintenait dans une retenue qu'Henry ne se serait jamais hasardé à forcer. De la sorte, leur amour contraint au silence les dévorait inexorablement à la manière d'un fauve obsédé par la proie insaisissable, mais constamment présente de l'autre côté de la grille.
Lorsque revenait l'été et, grâce à lui, la certitude de se retrouver dans la maison aimée, une sorte d'exaltation s'emparait d'Anne-Marie, qu'elle transcendait par des élans mystiques auxquels s'associait Henry, comme on s'efforce de parler la langue de l'étranger qu'on aime.

À l'été qui suivit ses vingt ans à elle, on célébra le mariage de son frère aîné avec une jeune pianiste, belle et talentueuse. Il eut lieu à Riom où vivaient ses parents,

bien qu'elle fût la plupart du temps à Clermont-Ferrand où elle enseignait au Conservatoire. Henry et les siens furent naturellement conviés à la noce. Notre-Dame-du-Marthuret avait été choisie car elle était la plus ancienne et prestigieuse église de Riom. Les robes claires et les chapeaux à oiseaux contrastaient avec la pierre noire qui rendait plus austère encore le vieil édifice dont le porche imitait l'entrée d'une nécropole.
Contrastant avec le prêche sinistre qui semblait s'exhaler d'un tombeau, les musiciens amis firent sonner l'orgue et les cuivres, accompagnés par les sanglots joyeux des violons. Henry et Anne-Marie se regardaient comme s'ils s'offraient l'un à l'autre pour une autre vie que celle où leur union était interdite.

Le manoir où se réunirent les invités des deux familles ouvrait sur la place par un grand portail. La petite cour intérieure était ornée de buis et de cyprès entourant un bassin noir rempli de nénuphars. De l'autre côté de la façade percée de fenêtres à petits carreaux, se cachait un jardin ceint de hauts murs que des cèdres centenaires protégeaient de leurs branches. Entre les arbres, une tente avait été dressée pour la fête, dont le blanc immaculé détonnait avec la sombre gravité des lieux.
Henry et Anne-Marie, sur une table reculée, déjeunèrent côte à côte comme s'ils avaient été seuls au monde. Ils se parlaient à voix basse, riaient chacun des mots de l'autre, se prenaient furtivement la main ou faisaient se frôler leurs fronts. Comme l'oiseau s'enfuit de la cage ouverte

où se dilate dans la joie le cœur délivré d'un fardeau, ils goûtaient une liberté que ne pouvaient contraindre ici ni le regard de leurs parents ni l'atmosphère quasi religieuse de la maison de famille, dont l'abbaye voisine et la musique incessante des cloches l'imprégnaient jour et nuit. Ils se surprirent à boire avec délice les vins de la fête. Ils s'amusèrent à se servir et à se servir encore, comme des enfants lâchés sans surveillance. Anne-Marie trébucha en sortant de table, dit à Henry : « Je suis ivre ! » et elle rit aux éclats. Il la soutint en mettant son bras sous le sien. Ils cheminèrent jusqu'à la maison. Quelques allées et venues de convives se rendant aux toilettes ou en revenant ne les troublèrent pas. On ne remarqua pas davantage qu'ils montaient enlacés vers les pièces du haut. On ne les entendit pas ouvrir la porte d'une chambre ni tomber pesamment sur le lit double qui gémit. Leur absence ne fut remarquée de personne, ni le bonheur qu'ils se donnèrent sans retenue et sans remords.
Le lendemain, chacun repartit vers sa vie.

Dans les jours qui suivirent, la joie et l'espoir d'Henry s'accrurent à la manière d'un lever de soleil, tandis qu'Anne-Marie, les yeux grands ouverts, se sentait cernée par la nuit.
« Henry, lui écrivit-elle, nous avons gravement offensé Dieu. Nous le pardonnera-t-il ? J'en doute puisque je n'éprouve aucun remords, même si je veux m'interdire de l'offenser à nouveau. Je ne te reproche rien. Ce fut ma faute. Je suis si heureuse et si triste de t'aimer. Adieu. »

Il lui répondit aussitôt :
« Nous n'avons rien à nous reprocher. Ni les sentiments qui nous habitent, ni le désir qui nous a poussés l'un vers l'autre. Quant à Dieu, n'oublie jamais qu'il est père et amour. Comment pourrait-il vouloir punir deux de ses enfants parce qu'ils s'aiment ? Prends soin de toi. Crois en la vie. Nous n'avons pas été créés pour être malheureux. »

Ils s'écrivirent quotidiennement pendant quinze jours. Elle se contraignait à ne pas exprimer son amour qui la tourmentait autant que son péché. Elle multipliait les prières à Marie, mère de Dieu, et à la sainte prostituée qui s'était repentie. Le regard douloureux de la Vierge dont sa faute l'avait séparée l'obsédait autant que son inaptitude au remords et à la conversion.
Henry s'efforçait de la rassurer. « Ni Dieu ni les saints ne l'observaient ni ne la jugeaient », lui écrivait-il. La chape de plomb dans laquelle les religieuses et les prêtres avaient emprisonné Anne-Marie lui était insupportable. Il se gardait de la brusquer, mais jour après jour il l'exhortait avec douceur à s'aimer elle-même autant que lui l'aimait. Elle en valait la peine, lui disait-il. Et puisque leur passion, tout entière faîte d'estime, d'admiration et de joie partagées, avait trouvé aussi sa dimension charnelle, le mariage lui conférerait la sainte légitimité à laquelle tous deux aspiraient. L'avocat plaidait admirablement sa cause dans le langage même que son adorable juge pouvait entendre.

Mais Anne-Marie se débattait. Lettre après lettre, elle repoussait la tentation de cette union qui ne pouvait, selon elle, être bénie de Dieu à qui l'inceste fait horreur. Henry alla jusqu'à lui représenter l'exemple de Loth, ancêtre du Christ, qui, selon la Bible elle-même, fut saoulé et violé par ses filles afin qu'il eût une descendance. Ainsi s'évertuait-il en vain.

Mais ce qu'il ne put obtenir de la raison, la nature, par miracle, le lui fournit.
Un retard de règles détermina Anne-Marie à s'ouvrir innocemment à son père de cette anomalie. Il était naturel qu'elle lui en parlât puisqu'il était médecin. Stanislas Mathivon fronça les sourcils et la dirigea vers un confrère gynécologue dont le verdict fut sans appel : Anne-Marie était enceinte.

La fusion de deux galaxies fait moins de bruit que la voix d'Adèle lorsqu'elle l'apprit. Stanislas la consigna dans sa chambre, au secret, en la gavant de sédatifs. Ce géant au grand cœur fit tout pour protéger sa fille contre sa femme et, plus encore, pour la protéger d'elle-même. Il lui représenta que la vie de l'enfant à naître primait sur la faute commise. Anne-Marie allait être mère et cet enfant devait pouvoir compter sur elle. Rien ne permettait de penser que sa venue au monde ait été moins désirée par Dieu que celle d'un enfant né de parents mariés. Il fallait simplement éviter le scandale. Une seule solution : son mariage avec Henry. On ne le précipiterait pas. Comme

si de rien n'était, on commencerait par des fiançailles mais célébrées avant la fin du mois.
Il se chargea de tout. Il écrivit à Estelle et Eugène pour qu'ils organisent au plus tôt leur déplacement à Gannat, ou même, s'ils préféraient, dans la maison commune. On irait à la messe au couvent et l'on se réunirait en famille autour d'un déjeuner simple. Il se faisait fort d'obtenir ensuite la dispense pour le mariage, s'agissant de cousins germains. Il en parlerait au prêtre que l'on chargerait de la célébration. Il n'y avait pas lieu de dramatiser. Tout était au mieux puisque les enfants s'aimaient et n'aspiraient qu'à vivre ensemble. Eugène fut quelque peu rassuré. Henry l'avait prévenu le premier après que Stanislas lui eut appris la nouvelle. Et si Stanislas l'avait quelque peu tancé d'avoir ainsi abusé de la tendresse de sa fille, il lui avait vite pardonné : seul lui importait qu'Anne-Marie fût préservée.

À mesure qu'approchait le jour des fiançailles, Henry s'efforçait de ne pas laisser son bonheur le dévorer et le digérer comme une proie. Il l'apprivoisait pour le tempérer en se préoccupant d'abord de celle qu'il aimait et de l'enfant à venir. La méditation de ses devoirs l'aidait à maîtriser l'ivresse de sa joie. Il se faisait grave par peur d'être léger.
Anne-Marie, au contraire, tentait de se réjouir sans y parvenir, tant le poids de sa faute et la honte infligée à sa mère l'incitaient à se détester. Elle aurait préféré mourir que d'être la fille-mère d'un enfant voué au mépris

puisque né d'un adultère incestueux. Seul le malheur prévisible de cet innocent lui imposait le devoir impérieux de survivre à sa propre vertu. Elle s'obligeait devant son miroir à se regarder nue avec intensité pour prendre la mesure de cette vie en elle plus précieuse que la sienne. Les couples qu'elle croisait dans la rue, fusionnels, distants ou neutres, la renvoyaient à son destin tragique : ils étaient en tout état de cause innocents. Son mariage, interdit par Dieu, ne serait fondé que sur une faute initiale le rendant plus coupable encore. L'enfant qui en était à la fois le fruit et l'alibi incarnait la perversité même de Satan qui ne se divertit jamais autant que lorsqu'il s'empare du bien ou du beau, comme d'un jouet, pour en faire l'instrument du mal.

Le jour des fiançailles, après la messe, qu'elle employa à demander pardon à Dieu comme au temps de sa première communion, la famille, réunie dans la salle à manger, applaudit au baiser qu'échangèrent en souriant les futurs époux, sitôt qu'Henry eut ouvert le petit écrin qui contenait la bague en diamant. Il avait pris soin de la faire bénir par l'aumônier du couvent. Ni Anne-Marie ni lui n'avaient communié. Et le visage d'Adèle était resté figé tout le jour. Rien ne pouvait la dérider, ni le petit être imminent, ni le bonheur assuré des jeunes gens, ni la mise en échec de l'éventuel scandale social.
Stanislas et Eugène s'isolèrent un moment pour convenir de la date et des modalités du mariage. Il n'y avait pas de temps à perdre. On convint qu'il aurait lieu un mois

plus tard. Personne, le moment venu, ne s'étonnerait de la naissance, six semaines avant le terme, d'un petit prématuré.

Les quinze jours suivants furent mis à profit par Anne-Marie pour confectionner son trousseau, cependant qu'Henry recherchait, à Limoges où il exerçait, un logement suffisamment confortable. Leurs lettres, qu'ils continuaient à s'adresser, parlaient en termes voilés de sa santé à elle et, de manière plus débridée, de leurs rêves d'avenir. Une sorte de plénitude et une grande douceur s'exhalaient de ces pages, comme l'on glisse sur un lac majestueux et sans ride après la vertigineuse descente d'un rapide.

Cette paix fut de courte durée. Un matin, Anne-Marie ressentit une violente douleur et fit une hémorragie. L'enfant, désormais attendu et aimé, n'était plus qu'un fœtus mort.

Henry se précipita auprès d'Anne-Marie pour tenter de la consoler. Il la trouva prostrée et muette. Elle était assise sur un fauteuil trop grand. Une couverture sur ses genoux couvrait ses jambes jusqu'aux chevilles. Il l'embrassa sur le front. Elle réagit à peine esquissant un pauvre sourire.

« Nous aurons d'autres enfants, lui dit-il.

– Non, Henry ! répondit-elle. Dieu nous punit.

– Que me chantes-tu là ? Tu as été victime d'un accident qui arrive à bien d'autres sans qu'elles aient quoi que ce soit à se reprocher.

– Je ne sais pas, répliqua-t-elle. En tout cas, nous n'étions pas innocents et il n'a pas vécu. »
Et elle fondit en larmes.
Adèle fit irruption dans la chambre et demanda à Henry de sortir, prétextant l'extrême fatigue de sa fille. Il l'embrassa à nouveau, prit congé et promit de revenir très vite. Il devait ne plus la revoir.

Quelques jours après, il reçut une lettre qui le bouleversa : « Henry, notre mariage n'aura pas lieu. Je n'ai pas eu le courage de te le dire en face lorsque tu es venu me voir. Mes sentiments pour toi ne sont pas en cause. Mais ce qui vient d'arriver montre assez que nous n'avions pas le droit de nous épouser. Il ne s'agit pas seulement de notre péché. La nature elle-même nous a refusé une descendance. Sans doute vaut-il mieux ainsi : le médecin m'avait dit que deux cousins risquent d'enfanter des monstres. Peut-être était-il préférable que notre enfant ne vienne jamais au monde ? Je sais que je te fais de la peine. J'aimerais pouvoir prendre toute cette souffrance pour moi toute seule. Oublie-moi. Oublions ce que nous avons partagé. Et peut-être un jour pourrons-nous comme naguère nous retrouver en amis dans la maison que nous aimons tant. Pense à toi, à ton métier, à ta vie, et ne doute jamais que je t'ai ardemment aimé. Anne-Marie. »

Henry fut au désespoir. Il se présenta à plusieurs reprises chez son oncle Stanislas et sa tante Adèle. Anne-Marie

n'était jamais présente. On finit par lui refuser l'accès de la maison. Il appela à son secours sa mère Estelle pour qu'elle intervienne auprès de son frère et de sa belle-sœur. Eugène lui-même s'en mêla. Rien n'y fit.
« Vous n'avez pas le droit de séquestrer Anne-Marie, gronda Eugène à l'adresse de son beau-frère et de sa belle-sœur. Elle ne refuserait sûrement pas de parler de vive voix avec notre fils.
– Tu nous injuries ? répliqua Stanislas. Anne-Marie est libre. Elle ne veut pas rencontrer Henry. C'est sa décision.
– Où est-elle alors ?
– Elle a décidé de partir en retraite dans un couvent de carmélites.
– Quoi ? C'est encore une idée d'Adèle, le fruit de son obsession de bigote ? » cria Eugène.
La conversation tourna court. Les deux hommes se tinrent pour brouillés. Les fiançailles furent officiellement rompues et les deux ménages qu'unissaient des liens forts cessèrent toute relation.

Anne-Marie, en effet, rongée par une culpabilité que sa mère prenait soin d'attiser, s'était réfugiée comme retraitante au Carmel d'Autun. Elle y suivait les offices aux heures prescrites depuis les mâtines jusqu'à complies. Elle ne manquait ni laudes et primes, ni tierce, ni sexte, ni nonnes, ni vêpres. Elle s'efforçait de prier ce Dieu qu'elle avait courroucé par son inconduite, comme le lui répétait sa mère, et qu'elle avait bravé en envisageant

même d'épouser son cousin. Mais son âme vagabonde s'échappait parfois à tire-d'aile pour retrouver le souvenir du plaisir et de l'amour perdus. Elle se le reprochait bien vite et s'abîmait dans la prière sans trouver ni la joie ni simplement la paix.
Elle avait confessé sa faute à l'aumônier du Carmel. Elle en fit son confident, multipliant les occasions de lui parler encore d'Henry, sous prétexte de s'accuser toujours davantage du péché qui ne la laissait pas en repos.
Parfois, il lui arrivait de lui dire : « Mon Père, êtes-vous sûr que le sacrement du mariage et les soins donnés à nos enfants n'auraient pas racheté nos fautes ? » Elle se prenait à espérer encore que tout ne fût pas perdu. Le prêtre lui répondait : « Ma fille, Dieu pardonne à ceux qu'habite une contrition sincère et, si possible, parfaite. Mais j'entends malgré vous l'attachement qui vous lie à votre passé. Et je ne puis parler de votre avenir à la place du Créateur. »
De retour dans la petite chambre austère du couvent, elle se mettait à pleurer et restait des heures à genoux en priant Dieu de la délivrer de son amour pour Henry.

Revenue à Gannat, elle renoua avec sa vie simple et généreuse, partagée entre les malades et les pauvres.
Un jour, elle voulut prendre des nouvelles d'Henry auprès de sa mère. Elle fut éconduite sans ménagement et dut essuyer une sévère admonestation : elle était encore habitée par le mal. Le sacrifice du Christ mort pour ses péchés ne lui inspirait donc aucun repentir, aucun désir de rachat !

L'illusion du bonheur humain, et particulièrement du bonheur conjugal, continuait à obscurcir son âme et à lui faire préférer le mensonge à la vérité. Des jours durant, elle tenta de se faire pardonner par les soins qu'elle prodiguait à son père et à sa mère, ainsi qu'à tous ceux qu'elle visitait et consolait. Adèle ne manquait pas une occasion de lui vanter la vie religieuse, la valeur du sacrifice et la joie qui naît tout naturellement de la dépossession des biens terrestres. Elle alla même jusqu'à convaincre le curé de leur paroisse de la prendre sous sa houlette pour achever l'œuvre de conversion commencée.
C'était une sorte d'ascète froid aux yeux brillants et profonds qui semblaient voir le fond des âmes.
« Ma fille, lui dit-il, aimez-vous Dieu ?
– Mon Père, oui bien sûr. De toutes mes forces et je voudrais être digne de lui...
– Bien. Mais êtes-vous sûre que vous l'aimez plus que vous n'avez aimé votre fiancé ?
– Je l'espère ! dit-elle toute troublée.
– Alors vous n'avez qu'une preuve à lui donner : renoncez à votre amour pour ce jeune homme et entrez au Carmel. »
Les paroles du prêtre la hantèrent dès cet instant et ne lui laissèrent aucun répit.

Durant trois longues années, Henry conserva l'espoir fou qu'Anne-Marie reviendrait vers lui. Il attendit jour après jour le miracle d'une lettre qui n'arriva jamais.

Il tenta de s'informer d'elle sans succès. Même Estelle et Stanislas, pourtant frère et sœur, ne se revirent plus. Leur sœur commune, Marthe, essaya de s'interposer en médiatrice. Ce fut peine perdue. Adieu les retrouvailles joyeuses de l'été, les rires échangés dans la maison pleine et les représentations de Molière sous le séquoia nain. Le monde avait perdu ses couleurs. Henry ne le percevait plus qu'en noir et blanc.
Il s'abîma dans le travail, rédigeant avec minutie une thèse de doctorat en droit qu'il consacra au divorce par consentement mutuel. Il y dénonça cette abomination tout en exaltant la force du « oui » que se donnent pour toujours deux êtres qui s'épousent. Il décida de se mettre au service de la cité comme pour conjurer le vide de sa vie. À vingt-six ans, en 1906, il fut élu conseiller municipal de Limoges aux côtés de François Chénieux, républicain progressiste, que la droite conservatrice regardait d'un mauvais œil. Henry se préoccupait des pauvres, dans cette ville ouvrière où la bourgeoisie de patrimoine s'accommodait fort bien de la misère des pauvres. Il lui arriva plus d'une fois de la conspuer avec talent, lui reprochant de maltraiter et d'exploiter ses frères humains à qui elle devait son confort. Dans les salons de la ville, on disait volontiers de lui qu'il ne voyait plus que le rouge dans le drapeau tricolore ! Tout en développant sa clientèle, il ne refusa jamais d'assister les plus déshérités qui se saignaient aux quatre veines pour le payer d'une volaille ou d'une bouteille d'un pauvre vin.

Désolé de le voir célibataire, son oncle, le général Pénelon, qui officiait à l'Élysée, le présenta à une famille de propriétaires terriens solidement implantée dans le Quercy et comptant plusieurs hauts gradés militaires issus de Polytechnique. Le général avait le projet de le marier à la dernière jeune fille de cette lignée, tristement isolée dans son petit village.
Henry finit par accepter de l'épouser. Comme pour se justifier, il expliqua plus tard qu'il savait qu'Anne-Marie était perdue pour lui et qu'il avait le devoir de construire sa vie. Il informa loyalement la jeune Marthe de l'épreuve amoureuse qu'il avait traversée. Il tut cependant la grossesse avortée dont il ne parla jamais à personne.

Anne-Marie était devenue infirmière dans l'hôpital où exerçait son père. Elle ne s'était pas résolue à suivre l'injonction du prêtre qui la poussait vers le Carmel. Elle y pensait sans cesse avec gravité. Fuyant le bruit du monde et refusant, pour se châtier, les fêtes et les bals, elle menait une vie de moniale. Elle assistait tous les jours à la première messe de l'aube. Elle ne cessait jamais de prier même quand elle se consacrait aux malades. Sa volonté d'expier lui faisait bannir toute forme de plaisir, jusqu'aux parties de jacquet ou de dames auxquelles elle s'adonnait naguère avec ses frères.
Quand le souvenir de sa tendresse pour Henry enflammait brusquement son cœur, elle le repoussait avec force et douleur. Elle appelait à son secours Marie-Madeleine baignant de parfum et de larmes les pieds de notre

Seigneur, la Samaritaine et la femme adultère qu'il avait sauvée de la lapidation. « Va et ne pêche plus », lui avait-il dit pour la convertir.
Doucement s'apaisait alors le désordre qu'elle s'appliquait à surmonter. Elle s'interdisait de penser au mariage comme à la maternité. Sa mère Adèle ne manquait jamais une occasion de lui rappeler de quelle fange la providence l'avait relevée.

Henry et Marthe se marièrent dans la propriété du Quercy que la jeune fille habitait près de sa mère et de son frère Jean, célibataire. Le couple s'installa à Limoges, place Darnet, en face du palais de justice. En 1908 y naquit leur premier enfant, un fils promis à son tour au métier d'avocat.
Ce mariage comme cette naissance ne furent connus d'Anne-Marie que par le plus grand hasard. Résidait à Chantelle Gabrielle Mignot, fille du médecin. Elle ne s'était jamais mariée et vivait par procuration toutes les péripéties des familles parentes, amies ou voisines. Anne-Marie surprit un jour, sur la table du salon, une lettre ouverte que Gabrielle avait adressée à Adèle pour lui annoncer la nouvelle de cette naissance. À l'évidence, Adèle avait fait en sorte qu'Anne-Marie découvrît en même temps le mariage d'Henry et sa paternité toute neuve. Elle s'évanouit et demeura plusieurs jours à l'isolement dans l'hôpital paternel.
Elle gardait ses yeux grands ouverts et fixés sur le crucifix qui surmontait la porte en face d'elle. Elle croyait

ressentir dans sa propre poitrine le coup de lance qui avait transpercé le cœur du Christ. Elle souhaitait mourir de cette contemplation morbide : elle avait dit adieu pour toujours à sa destinée charnelle. Lui fallait-il vivre des années encore puisqu'elle avait déjà épuisé la vacuité de son existence et payé le prix de ses fautes ? Le purgatoire devait-il se vivre sur cette terre ? Pourquoi le pardon ne viendrait-il pas tout de suite et la joie au lieu de cette interminable usure de l'être consumé par le temps ? Du moins, on ne la forcerait pas à subir le tumulte du monde. Quitte à vivre comme morte, le Carmel lui tiendrait lieu d'antichambre de la tombe.

Elle prononça ses vœux en robe blanche, comme une mariée, selon le rite traditionnel, sa lourde chevelure brune encadrant son beau visage au regard triste et résigné. Le ciboire que l'aumônier tint entre ses mains au cours de la messe solennelle portait inclus à sa base le diamant de sa bague de fiançailles qu'elle avait offerte au couvent à la fin de son noviciat. Elle prit le nom en religion de sœur Marie de la Passion. Alors commencèrent, derrière la clôture, les longues années de sa sainte réclusion.

*
* *

III

Henry a trente-quatre ans. Son cabinet d'avocat l'occupe tout entier à présent que son mandat de conseiller municipal est achevé. Il se consacre aussi aux déshérités, par le biais des conférences de Saint-Vincent-de-Paul, et à son fils. Ils viennent d'emménager dans la maison qu'il a fait construire grâce à la dot de Marthe. La famille se partage l'été entre la maison de l'Allier qu'Henry a héritée d'Eugène, mort l'année de son mariage, et le Quercy chez sa femme et son beau-frère.

Mais cette année-là, l'été tourna court. La mobilisation générale arrache Henry aux siens. La bataille de l'Yser, les tranchées, la Somme vont rythmer pour lui les quatre années de la Grande Guerre pendant laquelle mourra à Verdun son frère Gaston, tandis que son autre frère André en reviendra infirme à cause des gaz. Marthe survit à l'angoisse de perdre son mari en décrivant avec esprit, dans les lettres qu'elle lui envoie jour après jour, les mille petits détails de sa vie avec leur fils, cependant que le Carmel, comme un vaisseau fantôme, glisse, toujours identique à lui-même, sur la houle du temps.

Henry vécut loyalement son mariage avec Marthe. Bien qu'ils eussent trois enfants, il arrivait à Marthe de confier à la préférée de ses cousines par alliance qu'Henry manquait souvent d'ardeur. Si elle détestait la propriété du Bourbonnais, c'était moins, sans doute, parce qu'elle la trouvait étriquée en comparaison de sa gentilhommière quercynoise, que pour les souvenirs dont elle savait qu'elle était pleine et qui hantaient la mémoire d'Henry.

Elle resta cependant muette à ce sujet, heureuse et fière de sa progéniture comme de la maison de Limoges, construite à la veille de la guerre grâce à l'argent de sa dot. Le sentiment de ne devoir qu'à elle-même ce qui faisait sa vie lui conférait une liberté singulière pour une femme de son temps et de son milieu. Comme elle ne manquait ni d'esprit ni de courage, le chagrin ou la déception n'avait pas de prise sur elle. Du moins n'en laissait-elle rien paraître. Malgré tout, elle dut certainement souffrir non de ce qu'une autre eût été préférée avant qu'elle-même fût connue, mais qu'elle le demeurât après au lieu de se dissiper dans la brume du souvenir. Ses enfants, à qui la dame de Chantelle, Gabrielle, prit toujours plaisir à révéler les secrets de famille, en souffrir sans doute plus qu'elle. Tandis qu'ils découvraient que ce n'était point l'amour qui avait scellé les destins de leurs deux parents, Marthe, leur mère, ne connaissait pas les affres de s'être donnée par passion, pour ensuite se découvrir trompée.

Leur vie s'écoulait sans accroc dans cette France de l'après-guerre. La fuite d'Anne-Marie, les horreurs vécues pendant quatre ans et les désordres du temps présent, loin de désespérer Henry, lui façonnaient une forme de sagesse. Elle ne devait rien à je ne sais quelle indifférence. Elle était le fruit d'une résignation patiente que confère à l'âme la lancinance d'une douleur apprivoisée.

Le souvenir d'Anne-Marie l'habitait calmement : elle avait été la meilleure part de sa vie. Mais il s'était interdit de chercher à la revoir comme de quérir de ses nouvelles. Il s'inquiétait seulement, pour lui seul, de savoir si elle avait trouvé la paix à défaut du bonheur ou de la joie.

Les années se succédèrent. Henry plaidait, Marthe cousait, les enfants grandissaient.

En 1934, l'année même de son mariage, Guy, leur fils aîné, devenu avocat déjà depuis cinq ans, décida de se présenter aux élections du Conseil général. Il fut élu, clouant au sol son adversaire, un notable limousin, Sabinus Valière, vice-président de la Chambre des députés, membre de la SFIO et du Grand Orient de France. Une carrière prometteuse commençait pour ce jeune homme.

Cette même année, Marthe souffrit de maux de ventre qu'elle surmonta avec courage, fuyant les médecins qu'elle n'estimait guère plus que son époux, mais pour d'autres raisons. Impuissants face à la maladie, ils avaient

laissé mourir Eugène, le père d'Henry, à cinquante ans à peine, ainsi que le père et la mère de Marthe. À cette défiance s'ajoutait pour Henry la rancœur irréductible qu'il nourrissait à l'égard de toute la profession : il la tenait pour responsable des phobies d'Anne-Marie à propos de l'inceste.
Deux ans plus tard, Marthe fut hospitalisée à Paris où l'illustre académicien spécialiste de Mallarmé et chirurgien de profession l'opéra. Elle mourut sous les doigts d'Henri Mondor.

Deux fois veuf en quelque sorte à cinquante-cinq ans, orphelin de père et de mère, Henry, quoiqu'il fût profondément attaché à ses enfants, réalisa que le destin l'avait voué à la solitude pour le temps incertain qu'il vivrait sur la Terre. Peut-être, s'il n'avait été chargé de famille, se fut-il engagé lui-même dans la vie monastique, encore que l'influence détestable des prêtres et la bigoterie d'Adèle lui demeurassent insupportables. Sa foi commençait de vaciller et il ne supportait plus les prêtres et leurs boniments. L'Église catholique, avec son gouvernement, ses diktats et ses privilèges, avait fait bon marché du Nouveau Testament. Son humanisme était imprégné de l'humilité fraternelle et ardente du petit rabbin de Nazareth. Il n'en retrouvait pas grand-chose dans les cérémonies pompeuses ou dans le luxe tapageur des prélats et de leurs valets. Il bannit de sa chambre les signes ostentatoires de son appartenance à la religion chrétienne. S'il continua d'honorer les fêtes rituelles et de veiller à l'entretien des tombes familiales, il ne fut plus certain de rien, sinon des bienfaits de la charité et de sa mort future.

Anne-Marie, peu à peu, s'accoutuma à la vie monacale. La règle qu'elle perçut d'abord comme une contrainte violente se fit protectrice au fil du temps. La clôture ne fut plus le mur d'un pénitencier, mais la digue contre laquelle les tempêtes du monde se brisaient sans la rompre. Les visites qu'elle ne recevait qu'avec la permission de la mère abbesse se déroulaient à l'aveugle : un voile noir le long de la grille ne laissait s'échanger que les voix. Aucune autre nouvelle ne parvenait de l'extérieur qui eût troublé la paix recherchée. Elle s'efforçait de la préserver quand elle l'avait approchée grâce aux textes sacrés, à la méditation solitaire et aux paroles du vieil aumônier. Elle s'en trouvait désaltérée comme par l'eau d'une source jaillie dans le désert.

Le bruit du monde se limitait aux grandes nouvelles comme celles venues de la guerre : la communauté n'avait de cesse de prier pour ces enfants soldats partis mourir sous des bombes après avoir tué d'autres enfants. Elle ne pouvait détacher son esprit de cette tragédie qui touchait aussi ses deux frères. Elle s'en ouvrit au prêtre :
« Comment Dieu peut-il laisser faire de telles horreurs ? demanda-t-elle.

– Ma sœur, Il nous a créés libres. Les hommes choisissent de faire le bien ou de succomber au mal. C'est de nous que dépend le sort de ce bas monde.
– Mais il ne devrait pas tolérer, répondit-elle, que des innocents périssent par la faute de criminels. Un père ne laisse pas l'un de ses enfants torturer son frère ou sa sœur sans intervenir.
– C'est l'un des mystères les plus douloureux que nous devons humblement accepter, ma sœur, lui répliqua le sage vieillard.
– Je ne puis m'empêcher de chercher à comprendre, poursuivit-elle. Si Dieu est amour et bonté, comment peut-il être insensible à des souffrances que sa toute-puissance pourrait dissiper d'un geste ? »
Le regard du vieil homme redoubla d'intensité. Après avoir fixé la jeune femme quelques longues secondes en gardant le silence, comme s'il priait, il reprit :
« Je me suis fait souvent la même réflexion. Nous sommes trop petits pour prétendre expliquer ce qui nous surpasse infiniment. Je vous invite à méditer sans relâche le miracle de l'Incarnation. »
Elle vit le prêtre se replier sur lui-même et reprendre son souffle. Pour maîtriser une sorte d'exaltation, sa voix se fit plus basse et assourdie. Ses pupilles se dilatèrent comme s'il cherchait à percer l'obscurité. Et fixant le crucifix, il commença un étrange monologue :
« Dieu a dit : *Je suis celui qui suis*. Il est en effet hors le temps et l'espace qui ne sont que ses créations. Les myriades d'astres dans l'infini des cieux ne sont que des

grains de sable que son souffle rassemble ou disperse à son gré. Hors le temps, Dieu est et il aime. Il ne peut que créer pour n'être pas captif de l'amour de lui-même. À sa créature céleste – nous dirions la première –, Lucifer, il a tout donné à l'exception du pouvoir de créer, sans rien retenir. Il a donné son intelligence, sa beauté et sa force. Puisqu'il est le Dieu de l'amour absolu, sa créature est nécessairement un double de lui-même, égal à lui et libre. Dieu dit à Lucifer : *Je t'aime. M'aimes-tu ?* et Lucifer lui répond : *Non !*

Le *non* de Lucifer éclate avec plus de violence que les galaxies qui se heurtent. Ce *non* de Lucifer à Dieu me terrifie. Dès cet instant, impuissant à créer, Lucifer s'ingénie à avilir et corrompre la création de Dieu !

– Mais comment le peut-il, dit sœur Marie effrayée ?

– En s'acharnant à détourner du bien les faibles humains que nous sommes sous le regard d'un Dieu qui nous aime, mais qui est impuissant contre la liberté de son double. Il l'interpelle avec force : *Pourquoi tourmentes-tu mes créatures et les détournes-tu de moi ? – Mais elles sont libres* répond Satan. *Tu les as faites libres comme moi ! – Arrête !* dit Dieu. *Tu sais très bien qu'elles sont faibles, ces créatures éphémères sur la Terre. Tu les séduis parce que tu es pur esprit ; tu es le séducteur, le corrupteur, le menteur qui se réjouit des crimes que tu leur inspires et des malheurs où tu les plonges quand tu leur fais croire aux plaisirs de la puissance ou de la chair. Arrête de les tourmenter !* Et Satan lui répond : *Pourquoi ? qu'ai-je d'autre pour me divertir de moi et me tailler un royaume à ma main à partir de tes*

créations, puisque tu m'as fait incapable de créer mon propre monde ? – Mais le monde que j'avais fait était à toi comme à moi. – Non, réplique Satan, *je veux un monde à moi seul. Tes créatures sont mes conquêtes à défaut d'être mes œuvres. – Je te les rachète*, dit Dieu. – *Tu me les rachètes ! à quel prix ? – Moi*, dit Dieu. – *Toi ? – Oui. Je vais me faire homme et je serai, sous la forme d'un être humain comme tous les autres, celui sur qui tu pourras t'acharner. Je prendrai sur moi toutes les souffrances et toutes les fautes dont tu submerges les milliards de mes enfants de la Terre depuis le début de l'humanité jusqu'à sa fin. Je ne tricherai pas. Tu pourras t'acharner. – Ce marché m'intéresse*, répondit Satan. »
Le vieux prêtre continua :
« Dès lors, ce fut l'Incarnation. Dieu se fit homme en Jésus pour partager la destinée de tous les hommes et souffrir toutes leurs souffrances nées de leurs fautes, jusqu'à suer lui-même son propre sang la nuit du Jeudi saint au jardin des Oliviers. Il endura le supplice infligé par Pilate et enfin la crucifixion. Voilà ce qui nous a été révélé, puis a nourri la méditation de tant de pères de l'Église et de tant de saints. L'un d'entre eux prête au Christ cette phrase qui résume tout : *Ce n'est pas pour rire que je t'ai aimée.* »
Le vieux prêtre se tut comme exténué par son propre discours. Il baissa la tête. La religieuse s'était agenouillée en entendant ses dernières phrases. « Je vous bénis, ma sœur », lui dit-il, en dessinant la croix au-dessus de son front. « Prions pour ne pas être indignes de lui qui s'est sacrifié pour nous arracher au mal. »

Alors commença pour Anne-Marie un long cheminement qui la conduisit depuis la déception du monde jusqu'à l'espérance d'un bonheur éternel, fruit du seul amour qui méritait d'être vécu. Son alliance de religieuse prit ainsi tout son sens : elle était pour l'éternité mariée à Dieu.

*
* *

La mort de Marthe rompit le rythme du temps que vécurent Henry et Anne-Marie. La religieuse fut informée de ce malheur par l'un de ses frères qui était resté proche de leur cousin commun. C'est par lui qu'elle avait eu connaissance de la naissance de Guy, puis de celle de Simone et enfin de Jacques, qui n'avait que dix-huit ans lorsque mourut sa mère.

Anne-Marie ne voulut pas paraître indifférente au deuil qui frappait celui qu'elle avait aimé. Sans doute était-elle mieux désignée que quiconque pour lui apporter réconfort et paix. N'avait-elle pas désormais l'assurance que notre exil terrestre précède le bonheur éternel ? Elle se résolut à lui écrire :

« Cher Henry,
Sache que je compatis à ta douleur et à celle de tes trois enfants. J'espère que Marthe n'a pas trop souffert et

qu'elle est partie en paix. Prie le Seigneur comme je le fais pour vous afin qu'il vous donne la force d'espérer et la paix dont il m'a fait la grâce. Dans le deuil qui te frappe, je t'invite à te souvenir que notre existence ici-bas n'est qu'un passage. Médite l'Apocalypse de saint Jean où l'apôtre, s'interrogeant sur la foule des inconnus qui marchent vêtus de tuniques blanches, s'entend répondre par le sage : *Ils viennent de la grande épreuve. Ils ont lavé leurs vêtements dans le sang de l'Agneau.* Nous nous retrouverons ainsi dans cette même foule à l'entrée de la demeure où nous ne connaîtrons plus que la joie et l'amour.
Je t'embrasse avec toute mon affection.
Anne-Marie. »

Henry fut tenté de lui répondre que les épreuves qu'il traversait n'étaient que la conséquence du refus qu'elle lui avait opposé. Il se rappela que dans l'enceinte du monastère, les lettres envoyées par une religieuse, comme celles qu'elle reçoit, sont d'abord lues par la mère abbesse. Il préféra garder le silence.

L'Europe résonnait déjà du bruit des bottes allemandes. Le Dieu de bonté allait une nouvelle fois, sans broncher, voir plonger les humains dans l'enfer.

*
* *

IV

1939. Henry aura cinquante-neuf ans au mois d'août, Anne-Marie, cinquante-six. La mobilisation de Guy, de Jacques et l'engagement de Simone comme infirmière militaire fournissent à Henry un prétexte à renouer avec la religieuse afin de placer ses trois enfants sous la protection du Carmel. Grâce à lui, grâce à elle, il espère qu'ils éviteront le pire. Du fond de sa cellule, Anne-Marie s'émeut de lire la prière de son ancien amant qu'aucune autre inclination désormais ne sépare plus d'elle.

Dans leurs premières lettres, ils ne parlent pas d'eux. Leurs préoccupations ne sont que spirituelles et leurs soins consacrés à ceux qui leur sont chers. Peu à peu, le rythme de leurs échanges s'accélère. Pendant un an, ils s'écrivirent une fois par mois, puis ce fut toutes les trois semaines, puis tous les quinze jours. Au fil du temps, ils commencèrent, par touches discrètes, à s'interroger l'un sur l'autre. Ils se livrèrent ensuite à quelques confidences. Elle ne décrivait pas seulement ses pensées les plus élevées, mais aussi ses sensations de carmélite éprouvées dans sa cellule ou les émotions collectives nées des offices conventuels.

De son côté, il racontait ses succès comme les revers de sa vie d'avocat. Il lui livrait ses réflexions sur notre place dans l'univers et les questions sans réponse que lui suggéraient les malheurs du monde et les siens propres. Il se montrait appliqué à son devoir d'avocat, mais parfois déçu, douloureux mais fier, incrédule mais en recherche. Elle s'ingéniait à l'apaiser.
Le meilleur moyen n'était-il pas d'évoquer le souvenir de leur enfance vécue dans cette propriété qui préfigurait à son humble manière le bonheur d'après l'exil terrestre ? Tout aurait une fin comme cette guerre. Le récent débarquement l'annonçait à la manière d'une apocalypse heureuse.

En juin 1944, en Avignon, Simone, vêtue de son uniforme militaire, refusa de se mettre en sûreté alors que les bombes alliées tombaient sur la ville faisant de multiples morts et blessés civils. « Je vais où le devoir m'appelle », dit-elle à un passant qui voulut l'entraîner dans un abri. Il rapporta plus tard à son père qu'à peine avait-elle prononcé ces mots qu'au tournant de la rue, elle s'écroula touchée à mort par un obus.
Henry ne supporta pas ce nouveau malheur, le plus cruel qui lui ait été infligé. Il s'en ouvrit à Anne-Marie : « J'ai dû enterrer Marthe. Je m'en suis consolé en me disant que sa belle vie et sa vertu ne pouvaient que lui valoir le ciel, si le ciel n'est pas seulement rempli du vide et des étoiles. Mais le meurtre de ma Simone par des assassins monstrueusement lâches, semant la mort depuis leurs avions sur des êtres humains comme sur des animaux

anonymes, me révolte d'autant plus qu'avec héroïsme elle cherchait à venir en aide à d'autres. Comment ton Dieu peut-il l'avoir permis ? Est-ce une façon de laisser traiter ses enfants, lui qu'on nous représente comme un père aimant mille fois mieux que les pères de la Terre ? »
Anne-Marie lui répondit :
« Nous ne pouvons nous mettre à sa place. Nous sommes trop petits pour comprendre. Je me suis posé cette question, moi aussi, après la perte de notre enfant. Je l'ai pleuré sans te le dire comme si je l'avais aimé aussi longtemps que tu as aimé Simone. Je la prierai sans cesse pour nous, comme je le prie, lui, tous les jours depuis presque quarante ans. Je suis persuadée que le dialogue n'est pas pour toujours interrompu avec ceux que nous avons le plus aimés et si tu devais disparaître avant moi, je te prierais avec la même force, certaine que tu m'entendras… »

À la lecture de cette lettre, la mère abbesse convoqua sur-le-champ sœur Marie de la Passion. Elle n'avait rien trouvé à redire aux premières correspondances dont l'empreinte spirituelle méritait l'éloge. À la vérité, elle s'était étonnée de la multiplication de ces missives. Mais comme leur contenu ne manifestait rien d'équivoque, elle les avait laissé passer, mettant sur le compte de l'angoisse liée à la guerre le besoin ressenti par Henry d'un soutien religieux. À présent, il s'agissait de bien autre chose.
Anne-Marie entra dans le bureau de la mère abbesse et fit, selon la règle, sa révérence. La pièce sentait la cire, bien qu'aucun meuble de prix ni aucun objet d'agrément

n'adoucît son austérité. Une fenêtre donnait sur le cloître, enchâssée dans un épais rideau de velours vert foncé. L'uniformité des murs blancs n'était rompue que par l'immense crucifix qui faisait face au bureau vide de l'abbesse.
« Ma Sœur, dit-elle avec douceur, votre lettre à votre cousin tranche étonnamment avec vos précédents courriers. Vous y manifestez un attachement d'une autre nature que celui que vous exprimiez jusque-là.
– En quoi, ma mère ? répliqua Anne-Marie étonnée. Je n'ai jamais caché l'affection qui nous lie mon cousin et moi depuis l'enfance. J'essaie de le réconforter en évoquant nos souvenirs.
– Il ne s'agit pas de cela, reprit la mère abbesse avec la même extrême douceur. Loin de moi l'idée de vous demander compte de votre vie d'avant votre entrée au Carmel. Votre lettre simplement m'apprend que vous avez subi l'épreuve d'une maternité qui s'est mal achevée. Vous n'étiez tenue à aucune confidence sur ce sujet. »
Simplement elle ajouta, la fixant droit dans les yeux :
« Vous avez consommé l'acte de chair sans avoir été mariée ; je suppose que vous vous en êtes confessée avant de prononcer vos vœux et que vous en avez reçu l'absolution.
– Naturellement, ma mère, dit-elle d'une voix claire.
– Si j'ai bien compris, reprit très doucement l'abbesse, votre cousin Henry était le père de votre enfant ?
– Oui, ma mère, répondit-elle dans un souffle. Mais, en réalité, l'enfant n'est jamais né car j'ai fait une fausse-couche avant le terme, ajouta-t-elle en baissant sa tête devenue toute rouge.

– Une fausse-couche naturelle ? interrogea l'abbesse presque à voix basse.
– Naturellement, ma mère !, dit Anne-Marie d'une voix ferme en se redressant. »
Un silence se fit alors entre les deux femmes pendant plusieurs secondes. Puis, croisant ses mains sur son ventre, bien assise dans son fauteuil, l'abbesse prit à nouveau la parole.
« Voyez-vous, ma Sœur, lui dit-elle, votre lettre (que je ne vais pas retenir) nous conduit à réfléchir sur l'avenir de votre engagement religieux.
– Mais il n'est pas question pour moi de le remettre en cause.
– J'entends. Mais il ne suffit pas de rester au monastère pour se tenir quitte d'un don total promis à Dieu. Si nous gardons jalousement une part de nous-mêmes au lieu de tout lui abandonner, notre présence ici est aussi vide de sens que la charité sans l'amour, pour reprendre les mots du Christ.
– Mais je lui ai tout abandonné. Ce qui me lie encore à mon cousin n'est pas la nostalgie, c'est l'espérance commune d'un bonheur éternel auprès du Père.
– Alors, allez plus loin encore. Ne lui écrivez plus. Gardez entre lui et vous, par la prière, le secret de cette espérance. Priez pour votre cousin sans le lui dire : il le sait déjà. Offrez jusqu'au souvenir de ce qui vous a uni à Henry pour être totalement livrée à Dieu. Rappelez-vous le jeune homme riche de l'Évangile : il était en tout fidèle aux commandements au point que Jésus l'aima.

Mais il s'en est allé tout triste, faute d'avoir pu se résoudre à abandonner tous ses biens comme Jésus le lui avait conseillé. »

À ces mots, Anne-Marie fondit en larmes et s'agenouilla.

« Ma Mère, priez pour moi. Je n'ai pas la force… dit-elle en sanglotant.

– Je vous y aiderai, répondit l'abbesse. Si c'est votre résolution, je ferai tout. Pour commencer, cette lettre est la dernière que je laisserai partir vers votre cousin. En êtes-vous d'accord ? »

Anne-Marie dit oui et sanglota de plus fort. L'abbesse la releva avec une tendresse quasi maternelle et prenant ses deux mains dans les siennes :

« Depuis toujours Il vous attendait, lui dit-elle, et vous l'avez trouvé. »

La nuit qui suivit fut parcourue de rêves. Elle se voyait marchant nue, un bébé mort entre ses bras qu'elle déposait sur un autel. Il n'y avait ni mur ni toit mais seulement la nuit la plus noire qui fut. Au moment de s'approcher vers lui pour l'embrasser, une présence invisible, comme un vent violent, l'enleva. Elle le vit disparaître sans que ses bras éperdument tendus puissent le retenir. Au même instant, une troupe de nains grossiers revêtus de capuches noires l'entourèrent en faisant une ronde et en psalmodiant : « Ton fils est mort – ton corps est vide – tu vivras seule – tu mourras seule. » Elle poussa un cri et s'éveilla. Sa cellule lui parut plus sombre et plus triste que jamais. Elle pleura jusqu'au lever du jour.

Au premier office, la sœur tourière qui l'aimait bien remarqua sa pâleur et le regard d'angoisse qu'elle promenait autour d'elle. Lors de la récréation du matin, elle la supplia de lui dire ce qui l'affectait. Elle voulait l'aider. Anne-Marie se résolut à lui raconter l'épisode vécu avec la mère abbesse à propos de la lettre.
« Mais c'est inhumain ! dit-elle. Les autres dehors ont besoin de nous. Ce n'est pas en nous enterrant vivantes que nous pouvons les aider. Votre cousin a besoin de vous pour ne pas désespérer. Vous devez continuer à lire ses lettres et à lui répondre.
– Comment le pourrais-je ? répliqua Anne-Marie. Notre révérende mère ne les laissera plus passer.
– Il y a un moyen, répartit la sœur tourière. Je suis autorisée à sortir pour aller à la boulangerie voisine. Rien ne m'empêche de glisser une lettre dans la boîte postale. Et pour que les courriers qu'il vous envoie ne soient plus retenus, il vous appellera sa nièce et vous son oncle. Il n'aura qu'à signer de son second prénom.
– N'est-ce pas un péché que ce mensonge ?
– Mais non ! C'est juste une précaution. »

Anne-Marie fit une première lettre postée par la tourière pour informer Henry du stratagème. Ainsi pendant vingt ans ils s'écrivirent au moins une fois par mois en s'appelant : « mon oncle » – « ma nièce ».
Cet artifice les conduisit à changer de rôles et de masques comme au temps de leur théâtre. Leurs échanges furent empreints d'une affection sage et retenue. Henry la tenait

au courant des péripéties de sa vie quotidienne, de l'évolution de ses fils, puis de leur progéniture. Il évoquait parfois les temps heureux de leur enfance sans commettre d'anachronisme. Elle lui envoyait des poèmes pleins de paix, de lumière et d'espérance où l'objet de sa tendresse avait pour nom Jésus.

L'année où elle fêta son jubilé après cinquante ans de vie monastique, Henry tint à assister à la cérémonie dans la chapelle. Il entendit chanter les saintes femmes de l'autre côté de la grille voilée de noir. La sœur tourière vint lui dire qu'il pouvait converser avec Anne-Marie au parloir. Il s'y rendit. Une autre grille voilée de noir les séparait. Elle parla la première, le remerciant d'être venu et prenant de ses nouvelles. Elle lui proposa d'écarter le voile : « Pour mon jubilé, je suis autorisée à m'affranchir de la clôture. Nous pourrons ainsi nous voir à nouveau, dit-elle.
– Non, lui répondit Henry. Ta voix n'a pas changé. La mienne non plus. Je suis un vieux monsieur de près de quatre-vingts ans. Tu as vieilli toi aussi. Mais nos voix sont restées les mêmes : je te contemple sans te voir comme je t'ai toujours connue. »

Ce fut leur dernière rencontre. Il retourna à la propriété familiale qu'il ne quittait plus. Il y vivait de ses souvenirs. Elle, peu à peu privée de ses jambes, poursuivit sa vie de moniale pieusement apaisée.

⁂

Pour la première et seule fois de ma vie, je lui rendis visite autour de ses quatre-vingt-sept ans. Le Concile Vatican II avait assoupli la règle. Plus de voile noir entre la religieuse et son visiteur : simplement le fer. Je la vis venir par une porte du fond et escalader, au sens propre, le rebord de la plinthe en s'accrochant à la grille. « Vous êtes Christian ! » me dit-elle. Et elle cita par leur prénom mes quatre sœurs et mon frère. Elle savait tout de nous. « Votre grand-père m'aimait beaucoup », me dit-elle avec un sourire. Et moi qui connaissais déjà toute l'histoire, je ne saurais dire si j'étais davantage ému qu'émerveillé. Son regard limpide et cette voix claire avaient eu raison des blessures du temps. Elle me remit des cahiers de poèmes. Je les ai enfouis si précieusement dans mes trésors que je ne les retrouve plus.

Henry mourut le 9 janvier 1974 dans la maison du Quercy où mon père l'avait exilé pour y être mieux soigné. Anne-Marie lui survécut six mois, puis mourut à son tour.

Je referme l'album et pars à la recherche des poèmes.

FIN

Dernières parutions :

Littérature

Avenue du Père-Lachaise, Monique Blond

Je ne serai pas toujours là, Catherine Soullard

Le Malaisant, Natacha Sztabowicz

Manchester Dream - Le cœur de l'architecte, Dominique Memmi

Métamorphoses d'un rêveur, Bertrand Treuil

Oser vouloir - Georgina Bazé, une femme dans l'Histoire, Marie Dufon-Roche

Procès en scène, Basile Ader

Spiritualité

Faire corps, Sophie Galitzine

Sonder l'insondable, Bernard Besret

Essais

Chaos Machine, Max Fisher

ISBN : 978-2-494738-09-6

Dépôt légal : décembre 2023

Illustration de 1re de couverture : Thierry Marchal

Maquette et mise en page :
&com - Copsi médias

Imprimé et façonné par
Corlet Imprimeur